Worte von George Harrison

Jeder sucht nach KṚṢṆA.
Manche merken es gar nicht, aber sie tun es.
KṚṢṆA ist GOTT, die Quelle von allem,
das existiert, die Ursache von allem,
was ist und jemals sein wird.
Da GOTT unbegrenzt ist, hat ER viele Namen
Allah, Buddha, Jehova, Rāma:
Alle sind KṚṢṆA, alle sind EINS.
Indem er GOTT mit jedem Gedanken, jedem Wort
und jeder TAT dient und SEINE Heiligen
Namen chantet, entwickelt ein Gottgeweihter
schnell Gottesbewusstswein.

Durch das Chanten von
Hare Kṛṣṇa, Hare Kṛṣṇa
Kṛṣṇa Kṛṣṇa, Hare Hare
Hare Rāma, Hare Rāma
Rāma Rāma, Hare Hare

erreicht man unausweichlich das KṚṢṆA-Bewusstsein
(Probieren geht über Studieren!)

ALL YOU NEED IS LOVE (KRISHNA) HARI BOL.
George Harrison

Andere Werke von His Divine Grace
A. C. Bhaktivedanta Swami Prabhupāda

Bhagavad-gītā wie sie ist

Śrīmad-Bhāgavatam (Canto 1 – 10.1)

Śrī Caitanya-caritāmṛta

Die Lehren Śrī Caitanyas

Der Nektar der Unterweisung

Der Nektar der Hingabe

Śrī Īśopaniṣad

Im Angesicht des Todes

Bhakti-Yoga – Der Pfad des spirituellen Lebens

Die Lehren Śrī Kapilas

Die Lehren Königin Kuntīs

Die Schönheit des Selbst

Jenseits von Raum und Zeit

Bhakti – Der Wandel im Herzen

Vollkommene Fragen, vollkommene Antworten

Leben kommt von Leben

Bewusste Freude

Die Perfektion des Yoga

Chant and be happy

DIE KRAFT DER MANTRA-MEDITATION

Auf Grundlage der Lehren von

HIS DIVINE GRACE
A. C. BHAKTIVEDANTA SWAMI PRABHUPĀDA

Gründer-*Ācārya* der Internationalen
Gesellschaft für Krishna-Bewusstsein

THE BHAKTIVEDANTA BOOK TRUST

Sollten Sie Fragen oder Kommentare zu diesem Buch haben, setzen Sie sich mit uns in Verbindung. Unsere Kontaktdaten finden Sie im hinteren Teil des Buches. Sie erreichen uns auch unter den folgenden Adressen:

DEUTSCHLAND UND ÖSTERREICH
ISKCON Deutschland-Österreich e. V.
Aarstraße 8, 65329 Hohenstein
+49 (0)6120 90 41 07
iskcon.de

SCHWEIZ
Sankirtan-Verein
Bergstrasse 54, 8032 Zürich
+41 (0)44 262 37 90
sa-ve@pamho.net • krishna.ch

Übersetzung aus dem Englischen: Bhakti Gauravāṇī Goswami (Christian Jansen)
Lektorat: Karl Schimkowski
Umschlaggestaltung: Maṅgala-vati Devī Dāsī

Erstveröffentlichung der englischen Originalausgabe im Jahr 1982.

bbt.se • bbtmedia.com • bbt.org • krishna.com

ISBN 978-91-7769-166-2

Gedruckt im Jahr 2019 (ver20191000)

Dieser Titel ist für Sie in allen E-Book-Formaten kostenlos auf bbtmedia.com erhältlich.
Abrufcode: **EB16DE75935P**

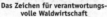

Wir widmen dieses Buch unserem
geliebten spirituellen Meister His Divine Grace
A. C. Bhaktivedanta Swami Prabhupāda, der die
transzendentalen Lehren Kṛṣṇas, einschließlich
der autorisierten Wissenschaft der Reinkarnation,
in die westliche Welt brachte.

Die Herausgeber

Inhalt

VORWORT

Die Suche nach Glück

Jeder will glücklich sein. Manche von uns trachten nach Glück, indem sie sich ihrer Familie, einer natürlichen und gesunden Lebensweise, einer erfolgreichen Karriere, sozialen Aktivitäten, raffiniertem Essen, Glücksspiel oder Sport und Fitness verschreiben. Andere begegnen dem Glück in Politik, Kunst, der akademischen Welt oder Hobbys, von Heimwerken und Computern zu Schauspiel, Philantropie, Sozialarbeit oder buchstäblich Tausenden anderen Aktivitäten, die die unendliche Suche der Menschheit nach Glück ausmachen. Millionen finden ihr Glück in Alkohol, Stimmungsaufhellern, Beruhigungsmitteln und anderen Substanzen.

Tagtäglich finden Ärzte und Wissenschaftler mehr über die Funktionsweise von Körper und Geist des Menschen heraus. Doch trotz all dieser wissenschaftlichen Erkenntnisse und der Technologie des Raumzeitalters, die jene aller vorigen Generationen bei Weitem überragt, fragt man sich: Sind die Menschen der heutigen Zeit wirklich glücklicher als ihre Vorfahren?

Das grundlegende Problem unserer Suche nach Glück besteht darin, dass die Quellen der Freude begrenzt sind. Was viele als unsere wesentlichen und grundlegenden Freuden ansehen – Essen und Sex – können pro Tag nur einige Augenblicke in Anspruch nehmen. Unsere Pläne für Sinnengenuss werden durch unseren Körper fortwährend vereitelt. Letzten Endes kann man nur eine gewisse Menge essen, bevor man krank wird. Selbst Sex hat seine Grenzen.

Chant and be happy zeigt auf, wie wir mehr Freude über unsere gegenwärtigen Beschränkungen hinaus erfahren können. Es behandelt ein Freudenprinzip, das jenseits der Grenzen von Zeit und Raum wirkt und vom Innersten unseres Seins ausstrahlt. Das Buch erläutert gründlich, wie jeder diese innere Freude durch die Kraft transzendentaler Klangschwingungen umgehend erleben kann.

Diese Technik, um unbegrenztes Glück zu erlangen, hängt nicht von neuen Produkten ab, die von Zeitungsredakteuren oder Größen der Filmindustrie angepriesen werden, sondern wurde über Jahrhunderte von unzähligen Menschen erfolgreich praktiziert. *Chant and be happy* erläutert, wie man diese transzendentalen Klangschwingungen einsetzt, um den höchsten Glückszustand zu erreichen. Der Vorgang ist einfach und kostenlos.

Um dieses unbegrenzte und unvergängliche Glück zu erreichen, braucht man nur das zu chanten und zu hören, was die Weisen des alten Indiens seit Jahrtausenden den großen Gesang der Befreiung nennen, das Hare-Kṛṣṇa-*mahā-mantra*. Dieses einfache Mantra aus 16 Wörtern beinhaltet Klangschwingungen, die kraftvoll genug sind, um das natürliche Glück im Innern eines jeden zu erwecken.

Hare Kṛṣṇa, Hare Kṛṣṇa, Kṛṣṇa Kṛṣṇa, Hare Hare
Hare Rāma, Hare Rāma, Rāma Rāma, Hare Hare

In den vergangenen Jahren haben Millionen gelernt, das Hare-Kṛṣṇa-Mantra zu chanten und dieses wahre, spirituelle Glück zu erfahren. Es ist das beliebteste Mantra in Indien, der Heimat der Meditation, und unterscheidet sich auf zwei Arten von anderen Systemen. Erstens chantet man das ganze Mantra (nicht nur einen Teil davon) und zweitens rezitiert man das Mantra laut (nicht still).

Eine kurze Einleitung von His Divine Grace A. C. Bhaktivedanta Swami Prabhupāda, dem Begründer und spirituellen Meister der Internationalen Gesellschaft für Kṛṣṇa-Bewusstsein, erklärt das Wesen und die Bedeutung des Mantras genau. Kapitel 1, ein exklusives Interview mit dem mittlerweile verstorbenen George Harrison, offenbart, wie das Hare-Kṛṣṇa-Mantra über Jahre hinweg eine bedeutende Rolle spielte. George erklärt, dass er trotz seines enormen Reichtums und Ruhms, die die meisten nicht einmal zu erträumen wagen, „nichts Höheres" fand als das Glück, das er durch das Chanten von Hare Kṛṣṇa erlebte. George diskutiert sein Vertrauen in die Macht des Mantras über den Tod, erzählt, wie sehr seine Musikkarriere vom Hare-Kṛṣṇa-Mantra beeinflusst wurde und wie eng sie mit ihm verknüpft war, und beschreibt das Wissen, die Glückseligkeit und die spirituelle Intelligenz, die dem Chanten entspringt.

In Kapitel 2 spricht Śrīla Prabhupāda mit John Lennon, Yoko Ono und George Harrison in Johns Anwesen in Tittenhurst Park und diskutiert die Kraft des Hare-Kṛṣṇa-Mantras als Pfad zu Frieden und Befreiung.

Kapitel 3 enthält die faszinierende Erzählung darüber, wie Śrīla Prabhupāda mitten im Trubel der Gegenkultur der 60er das Chanten von Hare Kṛṣṇa von Indien in die westliche Welt brachte und die desillusionierten Hippies im New Yorker Greenwich Village und in San Franciscos Haight-Ashbury davon überzeugte, dass dieses Mantra – keine psychedelischen Drogen und Anti-Kriegs-Proteste – sie glücklich machen sollte. Die Geschichte des Chantens und des Meditierens zur Bewusstseinserhebung wird in Kapitel 4 diskutiert. Das darauffolgende Kapitel behandelt Śrī Caitanya Mahāprabhus Leben und seine Lehren. Dieser Heilige, Mystiker und Śrī Kṛṣṇas Inkarnation aus dem 16. Jahrhundert verbreitete die zeitlose Praktik des Chantens des Hare-Kṛṣṇa-Mantras.

Kapitel 6, eine Erzählung aus einem der wichtigsten historischen und philosophischen Werke Indiens, dem *Śrī Caitanya-caritāmṛta,* offenbart, wie das bloße Hören und Chanten von Hare Kṛṣṇa von einem spirituellen Meister den Charakter eines jeden von allen unerwünschten Eigenschaften befreien kann.

Das darauffolgende Kapitel ist eine Abhandlung über Selbsterkenntnis, Mantras, Religion und die Kraft des Geistes in der Meditation, zusammengestellt aus den Lehren in Śrīla Prabhupādas Büchern. Kapitel 8 erläutert die weitreichenden Auswirkungen und den persönlichen Nutzen, den man vom Chanten von Hare Kṛṣṇa erwarten kann. Das abschließende Kapitel präsentiert praktische Anweisungen, die Schritt für Schritt zum Chanten anleiten, die, richtig befolgt, die Tür zum höchsten Glück öffnen.

EINLEITUNG

Über das Chanten

Kurz nachdem His Divine Grace A. C. Bhaktivedanta Swami Prabhupāda 1965 das Hare-Kṛṣṇa-Mantra in den Westen gebracht hatte, wurde „Hare Kṛṣṇa" zu einem geläufigen Begriff. 1979 schrieb Dr. A. L. Basham, eine weltweit führende Autorität für indische Geschichte und Religion, über die Hare-Kṛṣṇa-Bewegung: „Innerhalb von weniger als 20 Jahren stieg sie aus dem Nichts empor und wurde in der ganzen westlichen Welt bekannt. Ich glaube, dies ist eine Zeiterscheinung und ein bedeutendes Ereignis in der Geschichte der westlichen Welt."

Doch was genau bedeuten die Worte „Hare Kṛṣṇa"? In diesem kurzen Essay aus dem Album „Krishna Consciousness", wodurch die Beatles George Harrison und John Lennon zum Chanten kamen, erläutert Śrīla Prabhupāda die Bedeutung des Hare-Kṛṣṇa-Mantras.

Die transzendentale Schwingung, die durch das Chanten von Hare Kṛṣṇa, Hare Kṛṣṇa, Kṛṣṇa Kṛṣṇa, Hare Hare / Hare Rāma, Hare Rāma, Rāma Rāma, Hare Hare entsteht, ist eine erhabene Methode, um unser transzendentales Bewusstsein wiederzubeleben.

Als lebende spirituelle Seelen sind wir ursprünglich Kṛṣṇa-bewusste Wesen, doch durch unseren seit unvordenklichen Zeiten währenden Kontakt mit der Materie ist unser Bewusstsein nun durch die materielle Atmosphäre verunreinigt. Die materielle Atmosphäre, in der wir jetzt leben, wird *māyā*, oder Illusion genannt. *Māyā* bedeutet „das, was nicht ist". Was ist diese Illusion? Die Illusion besteht darin, dass wir alle versuchen, Herr über die materielle Natur zu sein, während ihre strengen Gesetze uns eigentlich fest im Griff haben. Wenn ein Diener versucht, den allmächtigen Meister nachzuahmen, gilt er als einer Illusion verfallen. Wir versuchen, die Ressourcen der materiellen Natur auszubeuten, doch in Wirklichkeit verstricken wir uns zunehmend in ihrer Komplexität. Obwohl wir in einem harten Kampf verwickelt sind, die Natur zu beherrschen, hängen wir immer mehr von ihr ab. Das illusorische Bestreben gegen die materielle Natur kann sofort beendet werden, indem wir unser ewiges Kṛṣṇa-Bewusstsein wiederbeleben.

Das Chanten von Hare Kṛṣṇa, Hare Kṛṣṇa, Kṛṣṇa Kṛṣṇa, Hare Hare / Hare Rāma, Hare Rāma, Rāma Rāma, Hare Hare ist der transzendentale Vorgang, um dieses ursprüngliche, reine Bewusstsein wiederzuerwecken. Durch das Chanten dieser transzendentalen Schwingung können wir unser Herz von jeglichen Befürchtungen läutern. Das grundlegende Prinzip all solcher Bedenken ist das falsche Bewusstsein, jeder wäre Herr über alles, was man wahrnehmen kann.

Das Kṛṣṇa-Bewusstsein ist keine Täuschung des Geistes. Dieses Bewusstsein ist die ursprüngliche, natürliche Energie des Lebewesens. Wenn wir diese transzendentale Schwingung hören, lebt dieses Bewusstsein wieder auf. Diese äußerst einfache Meditationsmethode wird für dieses Zeitalter empfohlen. Man kann auch durch praktische Erfahrung wahrnehmen, dass man durch das Chanten des *mahā-mantras,* oder des großen Gesangs der Befreiung, umgehend fühlen kann, wie transzendentale Ekstase aus der spirituellen Sphäre dringt.

In der materiellen Lebensauffassung beschäftigen wir uns mit Sinnenbefriedigung, als wären wir auf der niederen Stufe von Tieren. Etwas erhaben von dieser Stufe der Sinnenbefriedigung beschäftigt man sich mit mentaler Spekulation, um den Fängen der materiellen Natur zu entkommen. Etwas über dieser Ebene der Spekulation versucht man, falls man intelligent genug ist, die höchste Ursache aller Ursachen im Inneren und Äußeren zu finden. Wenn man sich tatsächlich auf der Ebene des spirituellen Verständnisses befindet und die Stufen von Sinnen, Geist und Intelligenz hinter sich gelassen hat, hat man die transzendentalen Ebene erreicht. Dieses Chanten des Hare-Kṛṣṇa-Mantras geschieht auf der spirituellen Ebene, wodurch diese Klangschwingungen alle niederen Schichten des Bewusstseins – nämlich der Sinne, des Geistes und der Intelligenz – übersteigt. Daher muss man die Sprache des Mantras gar nicht verstehen, ebenso wenig braucht es irgendwelche mentale Spekulation oder intellektuelle Anpassung, um dieses *mahā-mantra* zu chanten. Es geschieht automatisch, denn es kommt von der spirituellen Ebene, weshalb jeder ohne Vorkenntnisse am Chanten teilhaben kann. Natürlich ist man auf einer höheren Ebene spirituellen Verständnisses angehalten, Vergehen zu vermeiden.

Es gibt jedoch keinen Zweifel daran, dass das Chanten einen direkt auf die spirituelle Ebene erhebt, wovon das erste Anzeichen unmittelbar sichtbar wird, nämlich dass man beim Erklingen des Mantras mittanzen will. Dies habe ich selbst schon erlebt. Selbst ein Kind kann sich dem Chanten und Tanzen anschließen. Natürlich dauert es bei jemandem, der ins materielle Leben verstrickt ist, etwas länger, aber solch ein in die materielle Natur vertiefter Mensch wird sehr schnell auf die spirituelle Ebene erhoben. Wenn das Mantra von einem reinen Gottgeweihten in Liebe gechantet wird, entfaltet es seine größte Wirkung auf die Hörer, weswegen man es von einem reinen Geweihten des Herrn hören sollte und so eine unmittelbare Wirkung erzielen kann.

Das Wort *Harā* ist die Anredeform für die Energie des Herrn, während die Wörter *Kṛṣṇa* und *Rāma* Anreden sind, die sich direkt an den Herrn wenden. Sowohl *Kṛṣṇa* und *Rāma* bedeuten „die höchste Freude", wohingegen *Harā* die Bezeichnung für die höchste Freudenenergie des Herrn ist, aus der die Vokativform *Hare* wird. Die höchste Freudenenergie des Herrn hilft uns, den Herrn zu erreichen.

Die materielle Energie, *māyā* genannt, ist auch eine der vielfältigen Energien des Herrn. Wir hingegen, die Lebewesen, sind die marginale Energie des Herrn. Die Lebewesen gelten als der materiellen Energie übergeordnet. Wenn die marginale Energie in Kontakt mit der niederen, materiellen Energie kommt, zeigt sich, dass sie inkompatibel sind; doch wenn die marginale Energie in Kontakt mit der höheren Energie Harā kommt, befindet sie sich in ihrem glücklichen Normalzustand.

Diese drei Wörter, *Hare, Kṛṣṇa* und *Rāma*, sind die transzendentalen Wurzeln des *mahā-mantras*. Das Chanten ist ein spirituelles Rufen nach dem Herrn und Seiner Energie, um der bedingten Seele Schutz zu gewähren.

Dieses Chanten ist genau wie das echte Weinen eines Kindes nach seiner Mutter. Die Mutter Harā hilft dem Gottgeweihten, die Gnade des Höchsten Vaters zu erlangen. Der Herr offenbart sich durch den Gottgeweihten, der dieses Mantra aufrichtig chantet.

Kein anderes Mittel der spirituellen Verwirklichung ist in diesem Zeitalter von Streit und Heuchelei so wirksam wie das *mahā-mantra*:

Hare Kṛṣṇa, Hare Kṛṣṇa, Kṛṣṇa Kṛṣṇa, Hare Hare
Hare Rāma, Hare Rāma, Rāma Rāma, Hare Hare

KAPITEL EINS

Das Hare-Kṛṣṇa-Mantra: „Es gibt nichts Höheres …"

Interview mit George Harrison
aus dem Jahr 1982

If you open up your heart
You will know what I mean
We've been polluted so long
But here's a way for you to get clean

By chanting the names of the Lord and you'll be free
The Lord is awaiting on you all to awaken and see

Wenn ihr euer Herz öffnet,
werdet ihr wissen, was ich meine.
Wir sind seit so langer Zeit verunreinigt.
Aber jetzt ist es möglich, rein zu werden,

indem ihr die Namen des Herrn chantet.
Dann werdet ihr frei sein.
Der Herr wartet darauf, dass ihr erwacht
und die Augen öffnet.

„Awaiting On You All"
aus dem Album *All Things Must Pass*

Im Sommer 1969, kurz vor der Auflösung der bekanntesten Musikgruppe aller Zeiten, produzierte George Harrison eine Hit-Single, „Hare Krishna Mantra", auf der George und die Mitglieder des Londoner Radha-Krishna-Tempels sangen und die Instrumente spielten. Nachdem der Hare-Kṛṣṇa-Gesang in England, Europa und Teilen Asiens die vorderen Plätze der Charts erreicht hatte, wurde „Hare Kṛṣṇa" ein geläufiger Begriff – vor allem in England, wo die BBC die Hare-Kṛṣṇa-Chanter, wie sie damals genannt wurden, vier Mal in der beliebtesten Fernsehsendung des Landes, *Top of the Pops,* auftreten ließ.

Etwa zur selben Zeit sangen, 8 000 Kilometer entfernt, mehrere kahlrasierte Männer in safranfarbenen Gewändern und Frauen in Saris, zusammen mit John Lennon und Yoko Ono, in einem Hotelzimmer in Montreal den Hit „Give Peace a Chance":

John and Yoko, Timmy Leary, Rosemary,
Tommy Smothers, Bobby Dylan, Tommy Cooper,
Derek Taylor, Norman Mailer, Allen Ginsberg,
Hare Kṛṣṇa, Hare Kṛṣṇa.
All we are saying is give peace a chance.

Die Hare-Kṛṣṇa-Anhänger hatten die Lennons mehrere Tage lang besucht und mit ihnen über Weltfrieden und Selbstverwirklichung geredet. Aufgrund dieser und anderer weit verbreiteter Publicity begannen die Menschen auf der ganzen Welt bald, die Hare-Kṛṣṇa-Anhänger als Vorboten eines einfacheren, freudigen, friedlichen Lebensstils zu betrachten.

George Harrison war der Anstoß für die spirituelle Suche der Beatles in den Sechzigerjahren, und bis zu seinem Tod im Jahr 2001 spielte das Chanten des Hare-Kṛṣṇa-*mahā-mantras* – Hare Kṛṣṇa, Hare Kṛṣṇa, Kṛṣṇa Kṛṣṇa, Hare Hare / Hare Rāma, Hare Rāma, Rāma Rāma, Hare Hare – eine zentrale Rolle in seinem Leben.

Das folgende Gespräch mit seinem langjährigen engen Freund Mukunda Goswami (dem Herausgeber der Contemporary Vedic Library Series) fand in Georges Haus in England am 4. September 1982 statt. Hier erzählt George von denkwürdigen Erlebnissen, die er beim Chanten von Hare Kṛṣṇa hatte, und beschreibt in allen Einzelheiten seine tiefen persönlichen Erkenntnisse in Bezug auf das Chanten. Er erklärt, was ihn dazu brachte, die Singles „Hare Krishna Mantra", „My Sweet Lord" und die LPs *All Things Must Pass* und *Living in the Material World* zu produzieren, die alle zu einem großen Teil vom Hare-Kṛṣṇa-Chanten und der damit verbundenen Philosophie beeinflusst waren. Er spricht offen und mit Wertschätzung über seine Beziehung zu His Divine Grace A. C. Bhaktivedanta Swami Prabhupāda, dem Gründer-*Ācārya* der Hare-Kṛṣṇa-Bewegung. Er spricht auch über seine persönliche Philosophie in Bezug auf die Hare-Kṛṣṇa-Bewegung, Musik, Yoga, Reinkarnation, Karma, die Seele, Gott und den christlichen Glauben. Das Gespräch endet mit seinen Erinnerungen an einen Besuch Vṛndāvanas, Kṛṣṇas Geburtsort in Indien, der Heimat des Hare-Kṛṣṇa-Mantras. George erzählt außerdem von einigen seiner berühmten Freunde und deren Beziehung zu jenem Mantra, das heute Menschen auf der ganzen Welt hören und chanten.

Mukunda Goswami: Oft sprichst du von dir als Gottgeweihter in Zivil, als Yogi oder Kṛṣṇa im stillen Kämmerlein, und Millionen Menschen auf der ganzen Welt haben durch deine Lieder vom Chanten gehört. Aber was ist mit dir? Wie hast du Kṛṣṇa kennengelernt?

George Harrison: Durch meine Reisen nach Indien. Als die Hare-Kṛṣṇa-Bewegung 1969 nach England kam, hatten John und ich bereits Prabhupādas erstes Album, *Kṛṣṇa Consciousness,* bekommen. Wir hatten es oft gespielt und es gefiel uns. Das war das erste Mal, dass ich das Chanten des *mahā-mantras* hörte.

Mukunda: Obwohl du und John Lennon Śrīla Prabhupādas Schallplatte oft gespielt und schon mit dem Chanten angefangen hattet, wart ihr den Gottgeweihten noch nicht begegnet. Doch als Gurudāsa, Śyāmasundara, und ich [drei der sechs Geweihten aus Amerika, die den erste Hare-Kṛṣṇa-Tempel in London eröffnen sollten] nach England kamen, hast du ohne Zögern für den Mietvertrag unseres ersten Tempels gebürgt, das Bhaktivedanta Manor gekauft, das für buchstäblich Hunderttausende Menschen ein Ort ist, wo sie das Kṛṣṇa-Bewusstsein erlernen können, und du hast die erste Auflage des Kṛṣṇa-Buchs finanziert. Du kanntest uns aber eigentlich noch gar nicht so lange. War das nicht ein ziemlich abrupter Wechsel für dich?

George: Nicht wirklich, denn ich fühlte mich Kṛṣṇa immer schon stark verbunden. Das war alles bereits ein Teil von mir. Ich denke, es ist etwas, das mich aus einem früheren Leben begleitet. Dass ihr nach England gekommen seid und alles, was dann geschah, war nur wie ein weiteres Teil eines Puzzles, das sich zusammenfügte und allmählich ein vollständiges Bild ergab. Eins nach dem anderen kam langsam zusammen. Das war der Grund für meine Reaktion, als ich euch das erste Mal begegnete. Seien wir ehrlich. „Wenn man uns schon abzählt und in Gruppen einteilt", dachte ich mir, „dann würde ich lieber bei denen dort stehen als bei den anderen da drüben." So war das. Ich bin lieber einer der Geweihten Gottes als einer der aufrechten, angeblich vernünftigen und normalen Menschen, die einfach nicht verstehen, dass der Mensch ein spirituelles Wesen ist, dass er eine Seele hat. Und ich fühlte mich auch gleich wohl bei euch. Es war, als würden wir uns seit Ewigkeiten kennen. Es war eigentlich ganz natürlich.

Mukunda: Du warst Mitglied der Beatles, der zweifellos größten Popgruppe der Musikgeschichte – einer, die nicht nur die Musik, sondern ganze Generationen von jungen Leuten geprägt hat. Nach der Auflösung der Gruppe hast du allein weitergemacht und wurdest mit Alben wie *All Things Must Pass,* das sieben Wochen lang die meistverkaufte LP in England war, zum Superstar. Die Hit-Single „My Sweet Lord" war in Amerika zwei Monate lang Nummer 1. Als Nächstes kam die LP *Living in the Material World,* die fünf Wochen auf dem ersten Platz der Musikzeitschrift Billboard stand und millionenfach verkauft wurde. Ein Lied auf diesem Album, „Give Me Love", war sechs Wochen lang ein Riesenerfolg. Dann kam das Konzert für Bangladesch mit Ringo Starr, Eric Clapton, Bob Dylan, Leon Russell und Billy Preston, das ebenfalls ein phänomenaler Erfolg war. Als später die LP und das Konzertvideo auf den Markt kamen, wurde dieses Benefizkonzert zum erfolgreichsten Rock-Benefiz-Projekt aller Zeiten. Du hattest also allen materiellen Erfolg, den man sich nur wünschen konnte. Du warst überall gewesen, hattest alles erreicht und doch warst du zur gleichen Zeit auf der Suche. Was war der Anstoß für diese spirituelle Reise?

George: Eigentlich fing diese Reise erst richtig an, nachdem ich die Erfahrung der Sechzigerjahre einigermaßen verdaut hatte. Wir waren erfolgreich gewesen und hatten alle Leute getroffen, die man treffen konnte, um schnell herauszufinden, dass die meisten von ihnen doch nicht so toll waren, wie man meinen könnte. Wir hatten mehr Hits gehabt als alle anderen und waren berühmter als alle anderen, und dann kam das große Erwachen. Es war, als ob du dich an einer Mauer hochziehst, hinüberschaust und merkst, dass es auf der anderen Seite noch so viele andere Dinge gibt. Ich empfand es daher als einen Teil meiner Pflicht zu sagen: „Na gut, ihr denkt vielleicht, dass das alles wäre, was man braucht – reich und berühmt zu sein –, aber eigentlich ist das nicht alles."

Mukunda: In deiner kürzlich veröffentlichten Autobiographie *I, Me, Mine* erwähnst du, dass sich das Lied „Awaiting on You All" auf *japa-yoga* bezieht, also das Chanten von Mantras auf einer Gebetskette. Du sprichst von einem Mantra als einer „mystischen Energie in einer Klangstruktur" und dass „jedes Mantra in seinen Schwingungen eine bestimmte Kraft enthält." Und dann fügst du hinzu, dass von allen Mantras das *mahā-mantra* [das Hare-Kṛṣṇa-Mantra] der einfachste und sicherste Weg zur Gotteserkenntnis sei. Du praktiziert *japa-yoga.* Welche Erkenntnisse hast du durch das Chanten gewonnen?

George: Prabhupāda sagte einmal zu mir, dass ich einfach immer chanten solle – oder zumindest so oft und so viel wie möglich. Sobald du das tust, spürst du den Nutzen. Das Chanten führt zu Glückseligkeit, spirituellem Glück, das mit einem viel höheren Geschmack einhergeht als das Glück, das man hier in der materiellen Welt findet. Je mehr du chantest, desto mehr hast du den Wunsch, immer weiter zu chanten, weil es so schön ist und inneren Frieden bringt.

Mukunda: Was hat es mit dem Mantra auf sich, dass es dieses Gefühl von Frieden und Glück hervorruft?

George: Das Wort „Hare" richtet sich an die Energie, die den Herrn umgibt. Wenn du das Mantra oft genug wiederholst, stellst du eine Verbindung mit Gott her. Gott ist alles Glück, alle Glückseligkeit, und durch das Chanten Seiner Namen treten wir mit Ihm in Verbindung. Es ist also tatsächlich ein Vorgang, der zur Gotteserkenntnis führt. All das wird klar, wenn du den erweiterten Bewusstseinszustand erreichst, der durch das Chanten entsteht. Wie ich vor einigen Jahren in der Einleitung zu Prabhupādas Kṛṣṇa-Buch schrieb: „‚Wenn es einen Gott gibt, möchte ich Ihn sehen', mögen viele sagen, und das ist richtig, denn es ist nicht gut, blind an etwas zu glauben. Kṛṣṇa-Bewusstsein und Meditation sind Methoden, mit denen man Gott tatsächlich wahrnehmen kann."

Mukunda: Handelt es sich um eine Soforterfahrung oder ist es ein allmählicher Vorgang?

George: Das geht natürlich nicht in fünf Minuten, es braucht seine Zeit, aber es funktioniert. Denn es ist der direkte Weg zur Gotteserfahrung und hilft, ein reines Bewusstsein und ein gutes Wahrnehmungsvermögen zu entwickeln, das über dem normalen, alltäglichen Bewusstseinszustand steht.

Mukunda: Wie fühlst du dich, nachdem du längere Zeit gechantet hast?

George: In dem Leben, das ich führe, sehe ich, dass sich mir manchmal besondere Gelegenheiten bieten, wenn ich mich richtig ins Chanten vertiefe. Je mehr ich chante, desto schwerer ist es, wieder aufzuhören. Ich möchte einfach nicht das Gefühl verlieren, das mir das Chanten gibt. Einmal zum Beispiel habe ich das Hare-Kṛṣṇa-Mantra nonstop, den ganzen Weg von Frankreich nach Portugal, gechantet. Ich bin ungefähr 23 Stunden gefahren und habe den ganzen Weg gechantet. Du hast das Gefühl, praktisch unbezwingbar zu sein. Das Komische war, dass ich nicht einmal wusste, wohin die Reise ging. Ich hatte zwar eine Straßenkarte gekauft und wusste, in welche Richtung ich fuhr, aber ich konnte weder Französisch noch Spanisch noch Portugiesisch. Aber das war mir egal. Wenn du einmal mit dem Chanten anfängst, dann geschehen die Dinge auf transzendentale Weise.

Mukunda: Aus den Veden lernen wir, dass Gott absolut ist und daher zwischen Gott als Person und Seinem heiligen Namen kein Unterschied besteht. Der Name ist Gott. Konntest du das wahrnehmen, als du mit dem Chanten anfingst?

George: Es dauert eine gewisse Zeit, bis man begreift bzw. erkennt, dass es zwischen Ihm und Seinem Namen keinen Unterschied gibt, dass man nicht mehr verwirrt ist und rätselt, wo Er sein könnte, dass man sich fragt: „Ist er hier?" Man erkennt nach einiger Zeit: „Hier ist Er – vor meiner Nase!" Das ist Übungssache. Wenn ich also sage: „Ich sehe Gott", bedeutet das nicht unbedingt, dass ich beim Chanten Kṛṣṇa in Seiner ursprünglichen Gestalt mit der Flöte in der Hand sehe, so wie Er vor 5000 Jahren auf der Erde erschien. Natürlich wäre das schön und es ist auch durchaus möglich. Wenn du durchs Chanten wirklich rein wirst, kannst du Gott tatsächlich so sehen – ich meine persönlich. Aber es besteht kein Zweifel, dass du beim Chanten

Seine Gegenwart spüren und die Gewissheit haben kannst, dass Er da ist.
Mukunda: Kannst du dich an eine Situation erinnern, in der du dank des Chantens Gottes Gegenwart besonders stark gespürt hast?
George: Ja. Einmal war ich in einem Flugzeug, das in einen Gewittersturm geriet. Es wurde dreimal vom Blitz getroffen, und dann flog auch noch eine andere Maschine ganz nah über uns hinweg. Ich dachte, der hintere Teil des Flugzeugs wäre weggebrochen. Ich war auf dem Weg von Los Angeles nach New York, um das Bangladesch-Konzert zu organisieren. Sobald das Flugzeug hin- und hergeworfen wurde, begann ich zu chanten: Hare Kṛṣṇa, Hare Kṛṣṇa, Kṛṣṇa Kṛṣṇa, Hare Hare / Hare Rāma, Hare Rāma, Rāma Rāma, Hare Hare. Das Ganze dauerte etwa anderthalb bis zwei Stunden. Während der Flieger Hunderte Meter fiel und von Sturmböen geschüttelt wurde, gingen alle Lichter aus und man hörte explosionsartige Geräusche. Die Passagiere waren in Panik. Ich drückte mit aller Kraft meine Füße gegen den Sitz vor mir, schnallte meinen Sicherheitsgurt so eng wie möglich, hielt mich daran fest und chantete aus vollem Halse „Hare Kṛṣṇa, Hare Kṛṣṇa, Kṛṣṇa Kṛṣṇa, Hare Hare". Für mich steht außer Zweifel, dass das Mantra-Chanten ausschlaggebend war. Peter Sellers versicherte mir einmal, dass das Chanten von Hare Kṛṣṇa ihn vor einem Flugzeugabsturz gerettet habe.

John Lennon und Hare Kṛṣṇa

Mukunda: Hat einer von den anderen Beatles gechantet?
George: Bevor ich Prabhupāda und euch begegnet bin, hatte ich mir Prabhupādas Album gekauft, das er in New

York aufgenommen hatte. Ich kann mich noch genau erinnern, wie wir das Mantra tagelang gesungen haben, nur John und ich, mit Banjo-Ukulelen. Wir segelten durch die griechischen Inseln, während wir Hare Kṛṣṇa chanteten. Wir chanteten etwa sechs Stunden lang, denn wir konnten einfach nicht aufhören. Sobald wir aufhörten, war es, als ob das Licht ausging. Das führte so weit, dass uns die Kiefer wehtaten, denn wir chanteten das Mantra immer und immer wieder. Wir fühlten uns wie abgehoben; es war eine unglaubliche Erfahrung.

Mukunda: Vor Kurzem habe ich ein Video aus Kanada gesehen, das John und Yoko Ono während der Aufnahme ihres Hits „Give Peace a Chance" zeigt. In dem Hotelzimmer im *Queen Elizabeth* in Montreal waren auch fünf oder sechs Gottgeweihte dabei, die mitsangen sowie Zimbeln und Trommeln spielten. In dem Lied chanten John und Yoko Hare Kṛṣṇa. Das war im Mai '69. Und nur drei Monate später war Śrīla Prabhupāda bei John und Yoko zu Gast. Einen ganzen Monat lang lebte er auf ihrem Landsitz außerhalb von London.

Während Prabhupādas Aufenthalt kamen du, John und Yoko eines Nachmittags für ein paar Stunden in sein Zimmer. Ich glaube, das war das erste Mal, dass ihr ihm persönlich begegnet seid.

George: Genau

Mukunda: Zu dem Zeitpunkt war John ein spiritueller Suchender und Prabhupāda erklärte ihm den wahren Weg zu Frieden und Befreiung. Er sprach über Karma, Wiedergeburt und die Ewigkeit der Seele – Themen, die in den vedischen Schriften ausführlich behandelt werden. Obwohl für John Hare Kṛṣṇa nie ein wichtiger Teil seines Lebens wurde, bezog er sich etwa ein Jahr später auf die Philosophie des Kṛṣṇa-Bewusstseins in dem Hit „Instant Karma".

Welchen Unterschied siehst du zwischen Hare Kṛṣṇa und Meditation?
George: Das Chanten von Hare Kṛṣṇa ist im Grunde das gleiche wie Meditation, aber es hat, glaube ich, eine schnellere Wirkung. Was ich damit sagen will, ist, dass du das Mantra auch ohne deine Gebetskette wiederholen oder singen kannst, also ohne eine bestimmte Anzahl zu chanten. Einer der Hauptunterschiede zwischen stiller Meditation und dem Chanten ist, dass stille Meditation stärker von der Konzentration abhängt, während das Chanten eher eine direkte Verbindung zu Gott herstellt.

Praktische Meditation

Mukunda: Das *mahā-mantra* ist besonders für die heutige Zeit gedacht, wegen der Schnelllebigkeit der Gesellschaft. Selbst wenn die Menschen an einem kleinen ruhigen Ort sind, fällt es ihnen schwer, den Geist für längere Zeit ruhigzuhalten.
George: Richtig. Das Chanten von Hare Kṛṣṇa ist eine Art Meditation, die man sogar dann ausüben kann, wenn der Geist Achterbahn fährt. Außerdem kannst du chanten und zur selben Zeit andere Dinge tun. Das ist das Schöne daran. In meinem Leben ist es oft so gewesen, dass das Mantra die Dinge auf den richtigen Weg gebracht hat. Es sorgt dafür, dass ich mit der Realität in Einklang bin. Je öfter du an ein und demselben Ort sitzt und chantest, je öfter du in demselben Raum Kṛṣṇa Räucherwerk opferst, desto mehr läuterst du die dort vorhandenen Schwingungen und desto mehr kannst du das erreichen, was du dir vorgenommen hast, nämlich dich an Gott, Gott, Gott, Gott, Gott so oft wie möglich zu erinnern. Und wenn du

mit Ihm durch das Mantra sprichst, hilft das Chanten auf jeden Fall.

Mukunda: Was hilft dir noch, deinen Geist auf Gott zu richten?

George: Hm ... Mich einfach mit vielen Dingen zu umgeben, die mich an Ihn erinnern, wie zum Beispiel Räucherwerk und Bilder. Erst neulich fiel mein Blick auf ein kleines Bild an der Wand meines Studios, auf dem du, Gurudāsa und Śyāmasundara zu sehen sind. Einfach nur die alten Gottgeweihten anzuschauen, erinnerte mich an Kṛṣṇa. Das ist wahrscheinlich der Zweck der Geweihten – dich an Gott zu erinnern.

Mukunda: Wie oft chantest du?

George: Immer wenn ich die Gelegenheit dazu habe.

Mukunda: Einmal hast du Śrīla Prabhupāda nach einem bestimmten Vers aus den Veden gefragt, in dem es heißt, dass Kṛṣṇa auf der Zunge tanzt, wenn man Seinen heiligen Namen chantet, und dass man sich Tausende Ohren und Münder wünscht, um die heiligen Namen Gottes besser wertschätzen zu können.

George: Ja. Ich glaube, es ging dabei um die Aussage, dass es keinen Unterschied zwischen Kṛṣṇas persönlicher Gegenwart und Seiner Anwesenheit in Seinem Namen gibt. Das ist das Wunderbare am Chanten: Du stellst eine direkte Verbindung zu Gott her. Ich habe keinerlei Zweifel, dass Kṛṣṇa kommen und auf der Zunge tanzen kann, wenn man immer und immer wieder „Kṛṣṇa" sagt. Hauptsache ist, dass man mit Gott verbunden bleibt.

Mukunda: Normalerweise benutzt du also eine Gebetskette, wenn du chantest?

George: Oh ja. Ich habe meine Gebetskette immer bei mir. Ich erinnere mich noch, als ich sie zum ersten Mal in die Hand nahm. Die Holzperlen fühlten sich anfangs etwas rau an, aber jetzt sind sie durch das viele Chanten ganz glatt geworden.

Mukunda: Hast du die Kette während des Chantens gewöhnlich in einem Beutel?

George: Ja. Ich finde, es hilft, die Perlen durch die Finger gleiten zu lassen. Dadurch wird der Tastsinn auf Gott gerichtet. Die Perlen sind in dieser Hinsicht wirklich eine große Hilfe. Das Einzige, was mich am Anfang gestört hat, als ich praktisch ununterbrochen gechantet habe und daher meine Hand ständig in meinem Gebetskettenbeutel hatte, war der Umstand, dass die Leute mich andauernd fragten, ob ich mir die Hand verletzt oder gebrochen hätte.

Schließlich habe ich dann gesagt: „Ja, ja. Ich hatte einen Unfall.“ Das war einfacher, als jedem die Wahrheit zu erklären. Auf den Holzperlen zu chanten, hilft mir auch, eine Menge innere Anspannung abzubauen.

Mukunda: Manche Leute sagen, wenn jeder auf der Erde Hare Kṛṣṇa chanten würde, könnte sich keiner mehr auf seine jeweilige Tätigkeit konzentrieren. Mit anderen Worten, manche fragen sich, ob die Welt nicht zum Stillstand käme, wenn jeder zu chanten anfinge. Sie fragen sich zum Beispiel, ob die Menschen aufhören würden, ihrer Arbeit nachzugehen.

George: Nein. Das Chanten hält dich nicht davon ab, kreativ oder produktiv zu sein. Ganz im Gegenteil, es hilft dir, dich zu konzentrieren. Ich könnte mir einen tollen Sketch fürs Fernsehen vorstellen: Alle Arbeiter bei Ford in Detroit stehen am Fließband und chanten „Hare Kṛṣṇa, Hare Kṛṣṇa“, während sie die Räder montieren. Das wäre einfach wunderbar. Es könnte der Autoindustrie nützen und wahrscheinlich kämen dabei auch bessere Autos zustande.

Gotteserfahrung mithilfe der Sinne

Mukunda: Wir haben viel über *japa* (persönliches Chanten) gesprochen. Es ist die geläufigste Art des Chantens, aber es gibt noch eine andere Art, nämlich *kīrtana*, wenn man mit anderen zusammen in einem Tempel oder auf der Straße chantet. Im Allgemeinen hat *kīrtana* eine stärkere Wirkung; es ist so, als ob man seine spirituellen Batterien aufladen würde. Gleichzeitig bietet es anderen die Gelegenheit, die heiligen Namen zu hören und dadurch gereinigt zu werden.

Ich war dabei, als Śrīla Prabhupāda 1966 im Tompkins Square Park in New Yorks Lower East Side das Gruppenchanten zum ersten Mal einführte. Der Dichter Allen Ginsberg kam auch öfters vorbei und chantete mit uns, während er auf seinem Harmonium spielte. Eine Menge Leute sammelten sich um uns herum und hörten dem Singen zu. Danach hielt Prabhupāda Vorlesungen über die *Bhagavad-gītā* im Tempel.

George: Ja, wenn man in einen Tempel geht oder mit einer Gruppe von Leuten chantet, dann hat die Schwingung eine noch stärkere Wirkung. Natürlich ist es für manche leicht, unter vielen Menschen zu sein und das Mantra einfach auf der Gebetskette zu murmeln, aber andere fühlen sich beim Singen im Tempel wohler. Ein Aspekt des Kṛṣṇa-Bewusstseins ist die Einstimmung aller Sinne der Menschen auf Gott, damit sie Gott mit ihren Sinnen erleben können, und das nicht nur sonntags, mit den Knien, wenn sie auf einer harten hölzernen Betbank auf die Knie gehen. Wenn man dagegen einen Tempel besucht, kann man Bilder Gottes sehen, man kann die Gestalt Gottes auf dem Altar sehen, oder man kann Ihn hören, indem man zuhört, wie andere das Mantra chanten. Auf diese Weise kann man begreifen, dass alle Sinne dazu benutzt werden können, Gott wahrzunehmen, und es ist einfach viel attraktiver, die Bilder zu sehen, das Mantra zu hören, die Räucherstäbchen oder Blumen zu riechen und so weiter. Das ist das Schöne an der Bewegung für Kṛṣṇa-Bewusstsein. Alles ist inbegriffen: Gesang, Tanz, Philosophie und *prasādam* [vegetarisches Essen, das spiritualisiert worden ist, indem man es Kṛṣṇa geopfert hat]. Die Musik und der Tanz sind ebenfalls ein ernstzunehmender Teil des Vorgangs. Singen und Tanzen dienen nicht nur dazu, überschüssige Energie zu verbrennen.

Mukunda: Wenn wir auf der Straße singen, haben wir die Erfahrung gemacht, dass sich die Leute um uns sammeln und aufmerksam zuhören. Viele von ihnen tippen mit dem Fuß mit oder tanzen.

George: Der Klang der Handzimbeln ist einfach fantastisch. Schon aus der Ferne bewirkt der Klang etwas Magisches in mir, als ob in mir etwas erwachen würde. Die Menschen werden spirituell erweckt, ohne dass sie es merken. In einem höheren Sinne findet der *kīrtana* immer statt, ganz gleich, ob wir ihn hören oder nicht.

Heute ist die *saṅkīrtana*-Gruppe in den meisten Städten des Westens ein alltäglicher Anblick. Ich freue mich jedes Mal, wenn ich eine *saṅkīrtana*-Gruppe sehe, denn ich finde es einfach wunderbar, dass sich die Gottgeweihten unters Volk mischen und so allen die Gelegenheit geben, sich an Gott zu erinnern. Ich schrieb in der Einleitung zum Kṛṣṇa-Buch: „Jeder sucht nach Kṛṣṇa. Manche wissen es vielleicht nicht, doch sie tun es. [...] Indem der Gottgeweihte Kṛṣṇa mit jedem Gedanken, jedem Wort und jeder Tat dient und Seinen heiligen Namen chantet, entwickelt er sehr schnell Gottesbewusstsein."

Mukunda: Śrīla Prabhupāda hat oft gesagt, dass nach der Eröffnung von genügend Tempeln die meisten Leute einfach zu Hause mit dem Chanten von Hare Kṛṣṇa beginnen würden. Wir sehen immer mehr, dass dies tatsächlich der Fall ist. Unsere weltweite Gemeinde ist stark gewachsen, mittlerweile sind es Millionen. Das Chanten auf der Straße, die Bücher und die Tempel sind dazu da, den Menschen eine Starthilfe zu geben, sich mit dem Vorgang vertraut zu machen.
George: Meiner Meinung nach ist es gut, dass Kṛṣṇa-Bewusstsein in die Wohnungen vordringt. Es gibt eine Menge „Kṛṣṇas im stillen Kämmerlein“. Viele Leute da draußen warten nur darauf, dass Kṛṣṇa zu ihnen kommt, vielleicht nicht heute, aber vielleicht morgen oder nächste Woche oder nächstes Jahr.

Damals, in den Sechzigerjahren, wollten wir alles, was wir neu entdeckten und spannend fanden, der ganzen Welt mitteilen. Ich hatte bestimmte Erkenntnisse und ging durch eine Phase, worin mich meine Entdeckungen und Erkenntnisse so begeisterten, dass ich am liebsten allen wie ein Marktschreier davon erzählen wollte. Aber es gibt die richtige Zeit, um zu schreien, und es gibt Zeiten, wo man besser nicht schreit. Eine Menge Leute gingen in den Siebzigerjahren mit ihrem spirituellen Leben in den Untergrund – aber sie sind da. Sie haben sich in kleine Ecken und Winkel verkrochen, leben auf dem Land, kleiden sich ganz normal und sehen aus wie Versicherungsvertreter, aber in Wirklichkeit meditieren und chanten sie – eben „Kṛṣṇas im stillen Kämmerlein“.

Mit Prabhupādas Bewegung geht es offensichtlich gut voran. Sie verbreitet sich wie ein Lauffeuer. Wie lange es dauern wird, bis wir in einem goldenen Zeitalter angekommen sind, wo jeder mit Gottes Willen in vollkommenem Einklang lebt, weiß ich nicht. Aber wir haben es Prabhupāda zu verdanken, dass Kṛṣṇa-Bewusstsein in den letzten 16 Jahren stärker gewachsen ist als seit dem 16. Jahrhundert, der Zeit Sri Caitanyas.* Das Mantra hat sich schneller verbreitet als je zuvor und die Bewegung ist immer größer geworden. Es wäre großartig, wenn jeder chanten würde. Es würde jedem nutzen. Egal, wie viel Geld du hast – dadurch wirst du nicht unbedingt glücklich. Du musst dein Glück trotz deiner Probleme finden – ohne dir zu viele Sorgen zu machen – und Hare Kṛṣṇa, Hare Kṛṣṇa, Kṛṣṇa Kṛṣṇa, Hare Hare chanten.

Die Hare-Kṛṣṇa-Schallplatte

Mukunda: 1969 hast du die Single „Hare Krishna Mantra“ aufgenommen, die in den folgenden Monaten die Hitparaden vieler Länder stürmte. Der gleiche Song erschien später auch auf dem Album *Radha Krishna Temple (London),* das ebenfalls unter dem Apple-Label veröffentlicht wurde. Viele Leute in der Musikindustrie waren über deine Initiative erstaunt, mit den Hare Kṛṣṇas zu singen und ihre Lieder aufzunehmen. Warum hast du das gemacht?

George: Für mich ist das alles ein Teil meines hingebungsvollen Dienstes. Es ist ein spiritueller Dienst – ein Versuch, das Mantra auf der ganzen Welt zu verbreiten. Und ein Versuch, den Gottgeweihten eine breitere Basis und ein stärkeres Standbein in England und anderen Ländern zu geben.

Mukunda: Welchen Unterschied siehst du im Erfolg dieses Albums, auf dem Hare-Kṛṣṇa-Geweihte chanten, und

* Der große Heilige, Mystiker, und Avatar Kṛṣṇas, der das Chanten von Hare Kṛṣṇa popularisiert und die heutige Hare-Kṛṣṇa-Bewegung gegründet hat.

dem Erfolg einiger der Rockmusiker, die du damals unter Vertrag hattest, wie zum Beispiel Jackie Lomax, Splinter und Billy Preston?

George: Es war etwas ganz anderes. Das eine hatte mit dem anderen wirklich wenig zu tun. Es war viel sinnvoller, dieses Album aufzunehmen. Das kommerzielle Potenzial war zwar geringer, aber die innere Zufriedenheit war viel größer, denn ich sah die Möglichkeiten, die sich auftaten, die Dinge, die mit einem dreieinhalbminütigen Mantra einhergehen würden. Das machte viel mehr Spaß, als zu versuchen, einen Pop-Hit zu landen. Es war das Gefühl, dein Können, dein Handwerk, in Kṛṣṇas spirituellen Dienst zu stellen.

Mukunda: Welche Auswirkungen hat „Hare Krishna Mantra", ein Lied, das Millionen und Abermillionen von Menschen erreicht hat, deiner Meinung nach auf das kosmische Bewusstsein der Welt gehabt?

George: Ich denke schon, dass das Mantra eine gewisse Wirkung hatte. Schließlich ist der Klang Gott selbst

Mukunda: Als Apple eine Pressekonferenz abhielt, um das Album vorzustellen, schienen die Medien schockiert, als du über die Bedeutsamkeit der Seele und die Stellung Gottes sprachst.

George: Für mich war es wichtig zu versuchen, präzise zu sein, die Leute wissen zu lassen, was mich bewegte – aus meinem Kämmerlein zu kommen und ihnen die Wahrheit zu sagen. Wenn du etwas erkannt hast, kannst du nicht so tun, als hättest du keine Ahnung.

Ich dachte mir, wir leben im Weltraumzeitalter, mit Flugzeugen und so. Wenn jeder von uns in seiner Urlaubszeit die Welt umkreisen kann, gibt es keinen Grund, warum ein Mantra nicht ein paar Kilometer zurücklegen kann. Ich wollte einfach versuchen, die Gesellschaft sozusagen auf spirituelle Weise zu infiltrieren. Nachdem ich Apple-Records dazu gebracht hatte, euch unter Vertrag zu nehmen, und das Album herausgekommen war, und nach unserer riesigen Werbekampagne, wurde uns klar, dass die Single ein Hit werden würde. Und das Tollste an der Sache – was mich vor Freude fast vom Hocker gehauen hat – war euer Auftritt in der BBC-Fernsehshow *Top of the Pops*. Ich konnte es nicht fassen. Es ist ziemlich schwer, in diese Show zu kommen. Die nehmen dich nur, wenn du es auf die ersten 20 Plätze der Hitparade geschafft hast. Eure Nummer war wie ein frischer Wind.

Meine Strategie war, das Mantra auf eine dreieinhalbminütige Version zu beschränken, damit sie es im Radio spielen würden, und das hat geklappt. Kurz vor einer der Beatles-Sessions in den Abbey Road Studios hatte ich den Harmonium- und Gitarren-Track für das Lied aufgenommen und dann noch den Bass eingefügt. Ich erinnere mich noch, wie Paul McCartney und seine Frau Linda ins Studio kamen und zuhörten. Ihnen gefiel das Mantra.

Mukunda: Paul ist uns ziemlich freundlich gesinnt.

George: Das freut mich. Die Aufnahme klingt gut, auch noch nach so vielen Jahren. Auf jeden Fall hat es hat einen Riesenspaß gemacht, Kṛṣṇa bei den *Top of the Pops* zu sehen.

Mukunda: Kurz nachdem die Platte auf den Markt gekommen war, sagte mir John Lennon, dass die Manager das Mantra während des Isle-of-Wight-Konzerts gespielt hätten, kurz bevor Bob Dylan auf die Bühne kam. Das war im Sommer 1969. Damals sind auch Jimi Hendrix, die Moody Blues und Joe Cocker aufgetreten.

George: Ja, sie legten das Mantra auf, während für Bob die Bühne umgebaut wurde. Es war großartig. Die Melodie war ein Ohrwurm, und die Leute mussten nicht unbedingt die Bedeutung verstehen, um ihren Spaß zu haben. Für mich war es eine große Genugtuung, dass das Mantra ein Erfolg war.

Mukunda: Wie gefiel dir die Aufnahme technisch gesehen?

George: Yamunā, die Sängerin, hat von Natur aus eine gute Stimme. Das Besondere war, dass sie mit voller Überzeugung sang. Außerdem sang sie so, als hätte sie diese Melodie schon unzählige Male gesungen. Es hörte sich nicht an wie das erste Mal.

Wie du weißt, hatte ich das Mantra schon gesungen, lange bevor ich einem Gottgeweihten oder Prabhupāda begegnet war, denn ich hatte die erste LP mindestens zwei Jahre lang. Wenn du offen für etwas bist, ziehst du es wie ein Magnet an. Als ich das Chanten zum ersten Mal hörte, war es, als öffnete sich irgendwo in meinem Unterbewusstsein eine Tür – vielleicht etwas aus einem früheren Leben.

Mukunda: In dem Text des Liedes „Awaiting On You All" aus dem Album *All Things Must Pass* nimmst du kein Blatt vor den Mund und sagst den Leuten, dass sie sich durch das Chanten der Namen Gottes aus der materiellen Welt befreien könnten. Was hat dich dazu veranlasst, dieses Lied zu schreiben? Und wie war die Reaktion der Leute?

George: Damals war niemand in der Pop-Welt an dieser Art von Musik interessiert. Ich dagegen hatte das Gefühl, dass ein echter Bedarf bestand. Statt also dazusitzen und darauf zu warten, dass jemand anderes die Initiative ergreift, entschied ich mich, es selbst zu tun. Wir denken oft: „Ja, du hast recht, aber ich werde nicht meinen Kopf hinhalten. Zu riskant." Jeder ist immer darauf bedacht, sich bedeckt zu halten – bleib kommerziell –, und da dachte ich mir: „Mach es einfach. Niemand sonst wird es tun, und ich habe es satt mitanzusehen, wie alle diese jungen Menschen nur Unsinn im Kopf haben und ihre Zeit vergeuden." Abgesehen davon war ich mir sicher, dass es eine Menge Leute da draußen gab, die positiv reagieren würden.

Noch heute bekomme ich Briefe von Menschen, die mir schreiben: „Ich lebe seit drei Jahren in einem Kṛṣṇa-Tempel und hätte nie etwas über Kṛṣṇa erfahren, wenn du nicht das Album *All Things Must Pass* aufgenommen hättest." Ich bin mir also ziemlich sicher, dass ich durch die Gnade des Herrn eine kleine Rolle im kosmischen Schauspiel habe.

Mukunda: Was ist mit den anderen Beatles? Wie haben sie reagiert, als du dich ernsthaft mit dem Kṛṣṇa-Bewusstsein beschäftigt hast? Ihr seid ja alle in Indien gewesen und habt nach etwas Spirituellem gesucht. Śyāmasundara hat mir erzählt, dass er einmal mit dir und den anderen Beatles zu Mittag gegessen habe und alle seien sehr respektvoll gewesen.

George: Also wenn die Fab Four nicht damit klargekommen wären, das heißt, wenn kahlrasierte Hare Kṛṣṇas für sie zu viel gewesen wären, dann wäre alles hoffnungslos gewesen! [Beide lachen.] Die Gottgeweihten kamen öfters ins Studio, um mich zu besuchen, und schon bald hörten die Leute auf, sich einen Kopf zu machen. Wenn also jemand in orangefarbenen Gewändern zur Tür hereinkam, dann hieß es nur: „Ach ja, die wollen zu George."

Mukunda: Du hast dich also von Anfang an bei den Gottgeweihten wie zuhause gefühlt?

George: Ich mochte Śyāmasundara sofort. Schon bei unserer ersten Begegnung waren wir wie alte Freunde. Auf der Rückseite der Prabhupāda-LP hatte ich gelesen, wie Prabhupāda aus Indien nach Boston gekommen war, und ich wusste, dass Śyāmasundara und ihr alle in meiner Altersgruppe ward. Der einzige Unterschied bestand eigentlich nur darin, dass ihr Vollzeit dabei wart und ich nicht. Ich war in einer Rockband, aber ich hatte keine Berührungsängste, denn ich hatte *dhotīs* (indische Gewänder) sowie die Farbe Safran und rasierte Köpfen in Indien gesehen. Kṛṣṇa-Bewusstsein war für mich genau das Richtige, denn ich fühlte mich nicht gedrängt, mir den Kopf zu rasieren, in den Tempel ziehen und Vollzeit dabei zu sein. Es war eine spirituelle Sache, die zu meinem Lebensstil passte. Ich konnte weiter Musiker sein, aber veränderte einfach mein Bewusstsein. Das war alles.

Mukunda: Das Tudor-Herrenhaus samt Anwesen außerhalb von London, das du uns geschenkt hast, hat sich zu einem unserer wichtigsten internationalen Zentren entwickelt. Was bedeutet für dich der Erfolg des Bhaktivedanta Manors bei der Verbreitung des Kṛṣṇa-Bewusstseins?

George: Einfach großartig. Das gleiche gilt für das Hare-Kṛṣṇa-Album oder alle anderen Initiativen, an denen ich beteiligt war. Ich bin wirklich froh darüber, dass ich die einmalige Gelegenheit hatte, damals zu helfen. Alle meine Lieder mit spirituellen Themen, wie „My Sweet Lord", waren wie kleine Zündkerzen. Heute zeigen die Menschen viel mehr Respekt und Akzeptanz, wenn sie die Gottgeweihten auf der Straße sehen. Kṛṣṇa ist nicht mehr etwas völlig Fremdes, das aus heiterem Himmel fällt. Und ich habe vielen Leuten Prabhupādas Bücher gegeben. Ob ich jemals wieder von ihnen höre oder nicht, ist egal. Mir reicht es zu wissen, dass sie die Bücher haben und ihr Leben sich verändern kann, wenn sie darin lesen.

Mukunda: Wenn du Menschen begegnest, die eine spirituelle Neigung aber nicht viel Wissen haben, welchen Rat gibst du ihnen?
George: Ich erzähle ihnen ein bisschen von meiner eigenen Erfahrung und überlasse ihnen die Wahl, ein Buch zu lesen und bestimmte Orte zu besuchen. Ich rate ihnen zum Beispiel: „Warum gehst du nicht zum Tempel und nimmst am Chanten teil?"
Mukunda: In dem Lied „The Ballad of John and Yoko" setzen sich John und Yoko kritisch mit den Medien auseinander, das heißt mit dem falschen Bild, das manchmal von Personen gezeichnet und dann überall verbreitet wird. Es hat uns viel Zeit und Mühe gekostet, den Medien zu vermitteln, dass wir eine echte Religion sind, mit Schriften, die 3 000 Jahre älter sind als das Neue Testament. Nach und nach aber zeigen immer mehr Leute Verständnis – Wissenschaftler, Philosophen, Theologen –, und heute haben viele ein hohes Maß an Respekt für die alte Vaiṣṇava-Tradition, in der die moderne Bewegung für Kṛṣṇa-Bewusstsein ihre Wurzeln hat.
George: Meiner Meinung nach tragen die Medien die Hauptschuld an den falschen Vorstellungen, die die Leute von der Bewegung haben, obwohl es eigentlich ziemlich unwichtig ist, ob etwas Gutes oder Schlechtes berichtet wird, da Kṛṣṇa-Bewusstsein jenseits davon steht. Allein die Tatsache, dass die Menschen etwas über Kṛṣṇa hören oder lesen, ist gut.
Mukunda: Śrīla Prabhupāda hat immer wieder betont, dass wir an unseren Prinzipien festhalten sollen. Er sagte, das Schlimmste wäre, einen Kompromiss einzu-

* Die spirituelle Kultur Indiens, bei der liebender hingebungsvoller Dienst zu Viṣṇu (Kṛṣṇa), der Höchsten Persönlichkeit Gottes, im Mittelpunkt steht.

gehen bzw. die Philosophie aus Popularitätsgründen zu verwässern. In den letzten Jahrzehnten sind viele Swamis und Yogis aus Indien in den Westen gekommen, aber nur Śrīla Prabhupāda hat die Reinheit und Hingabe verkörpert und vorgelebt, die erforderlich ist, um die alte Kṛṣṇa-bewusste Philosophie Indiens auf der ganzen Welt unverfälscht – so wie sie ist – zu verbreiten.

George: Das stimmt. Er war ein perfektes Beispiel für das, was er predigte.

Mukunda: Du hast damals die erste Auflage des Kṛṣṇa-Buches* finanziert und die Einleitung geschrieben. Was hat dich dazu bewegt?

George: Ich hatte das Gefühl, dass es Teil meiner Aufgabe war. Wenn ich auf meinen Reisen Gottgeweihte treffe, begrüße ich sie immer mit „Hare Kṛṣṇa!" Und sie begrüßen mich ebenfalls wie einen alten Freund. Es ist eine herzliche Beziehung. Ob sie mich wirklich persönlich kennen oder nicht, tut nichts zur Sache. In gewisser Hinsicht kennen wir uns tatsächlich.

Mukunda: Für das Album *Material World* hast du im Innenteil ein Foto benutzt, das auf dem Schutzumschlag von Prabhupādas *Bhagavad-gītā* zu sehen ist: Kṛṣṇa und Sein Freund und Schüler Arjuna auf dem Streitwagen. Warum?

George: Oh ja. Es heißt auf dem Album: „Vom Schutzumschlag der *Bhagavad-gītā wie sie ist* von A. C. Bhaktivedanta Swami." Es war natürlich Werbung für euch. Ich wollte den Leuten die Gelegenheit geben, Kṛṣṇa zu sehen und Ihn kennenzulernen. Darum geht es doch oder nicht?

* His Divine Grace A. C. Bhaktivedanta Swami Prabhupāda: *Kṛṣṇa, the Supreme Personality of Godhead* (deutsche Ausgabe: *Kṛṣṇa, die Quelle aller Freude*), eine Zusammenfassung des 10. Cantos des *Śrīmad-Bhāgavatam*.

Spirituelle Nahrung

Mukunda: Heute beim Mittagessen sprachen wir über *prasādam,* vegetarische Kost, die Kṛṣṇa im Tempel geopfert und dadurch spiritualisiert wird. Eine Menge Leute sind durch *prasādam* zum Kṛṣṇa-Bewusstsein gekommen, vor allem durch unser Sonntagsfest, das wir jedes Wochenende in unseren Zentren auf der ganzen Welt feiern. Kṛṣṇa-Bewusstsein ist die einzige Art von Yoga, die man durch Essen praktizieren kann.

George: Man sollte versuchen, Gott in allem zu sehen, wobei Essen natürlich eine große Hilfe ist. Wenn Gott allgegenwärtig ist, warum sollten wir Ihn nicht schmecken können? *Prasādam* ist schon sehr wichtig. Kṛṣṇa ist Gott und daher absolut: Sein Name, Seine Gestalt, *prasādam* – das ist alles Er. Wie es so schön heißt: Liebe geht durch den Magen. Wenn man also Gottesliebe durch Essen entwickeln kann, warum nicht? Es gibt nichts Schöneres, als *prasādam* serviert zu bekommen, nachdem man stundenlang gesungen und getanzt hat, oder nachdem man einfach nur dagesessen und philosophiert hat. *Prasādam* ist Kṛṣṇas Segen und hat einen hohen spirituellen Stellenwert.

Es geht dabei eigentlich darum, dass *prasādam* das Sakrament ist, von dem die Christen reden, nur dass man statt einer Oblate ein ganzes Fest mit unbeschreiblichem Geschmack bekommt – nicht von dieser Welt. Und *prasādam* ist ein guter Aufhänger in diesem Zeitalter des Massenkonsums. Wenn die Leute etwas Besonderes wollen, ist *prasādam* genau der richtige Köder. Es besteht überhaupt kein Zweifel daran, dass *prasādam* zahllose Menschen mit dem spirituellen Leben in Berührung gebracht hat. Es hilft außerdem, Vorurteile abzubauen.

Denn die Leute denken sich: „Na gut, ich habe nichts gegen ein Getränk oder einen Happen von dem da." Etwas später fragen sie vielleicht: „Was ist das überhaupt?" Und dann: „Aha, *prasādam.*" Und schon lernen sie einen weiteren Aspekt des Kṛṣṇa-Bewusstseins kennen. Am Ende sagen die meisten dann: „Es schmeckt wirklich ganz gut. Kann ich noch einen Teller haben?" Viele, vor allem ältere Menschen, reagieren so. Das habe ich in euren Tempel selbst gesehen. Vielleicht waren sie anfangs ein wenig skeptisch, aber eh du dich versiehst, haben sie sich in *prasādam* verliebt. Am Ende verlassen sie den Tempel mit dem Gedanken: „Die Kṛṣṇas sind gar nicht so übel."

Mukunda: Den vedischen Schriften zufolge kommt man durch *prasādam* zu spiritueller Erkenntnis, ebenso wie durch Chanten, aber auf eine weniger offensichtliche, weniger auffällige Weise. Du machst spirituellen Fortschritt, indem du einfach isst.

George: Aus eigener Erfahrung kann ich bestätigen, dass *prasādam* auf jeden Fall seine Wirkung hat. Mir hat es immer am besten geschmeckt, wenn ich im Tempel war oder mit Prabhupāda zusammensaß, viel besser als wenn ich allein war und jemand mir das Essen brachte. Manchmal kannst du beim *prasādam* sitzen und es vergehen drei oder vier Stunden, ohne dass du es merkst. *Prasādam* hat mir wirklich sehr geholfen, denn du wirst dir bewusst: „Jetzt schmecke ich Kṛṣṇa." Du wirst dir plötzlich eines anderen Aspektes Gottes bewusst und verstehst, dass Er dieser kleine *samosā** ist. Es ist alles eine Frage der richtigen Wellenlänge, sich also auf die spirituelle Frequenz einzustellen. *Prasādam* spielt hierbei eine ganz entscheidende Rolle.

* Eine frittierte oder gebackene knusprige Teigtasche, die in ihren zahlreichen Varianten in Indien und vielen anderen Ländern ein beliebter Snack ist.

Mukunda: Wie du vielleicht weißt, bestellen viele Rockgruppen, unter ihnen die Grateful Dead und Police, vor ihren Konzerten *prasādam* für sich in die Garderobe. Sie lieben es. Es ist bei uns schon zu einer Tradition geworden. Ich erinnere mich, wie ich einmal *prasādam* ins Aufnahmestudio der Beatles geschickt habe. Und heute erzählte mir deine Schwester, dass Śyāmasundara euch während des Bangladesch-Konzerts bei den Proben mit *prasādam* versorgt hat.
George: Ja, er wird diesbezüglich auf der Plattenhülle erwähnt.
Mukunda: Was ist dein Lieblings-*prasādam*, George?
George: Ich mag besonders diese frittierten Blumenkohl-Dinger. *Pakorās,* nicht wahr?
Mukunda: Genau.
George: Was mich auch immer begeistert hat, ist *ras malāi* [eine Milchsüßspeise]. Und es gibt auch viele gute Getränke – Fruchtsäfte und *lassī* [ein erfrischendes Joghurtgetränk].
Mukunda: Kannst du dich noch daran erinnern, wie wir die Londoner Presse zu einem großen Festessen eingeladen haben? Damals hatten wir gerade die Single „The Hare Krishna Mantra" herausgebracht. Die Journalisten waren ziemlich überrascht, denn niemand kannte uns für unser Essen. Heute ist es immer noch so, dass die meisten Leute uns als diejenigen sehen, die auf der Straße singen und tanzen. Aber immer mehr sehen auch eine Verbindung zwischen uns und *prasādam:* „Das sind die mit dem kostenlosen vegetarischen Abendessen."
George: Viele der eingeladenen Journalisten wollten wahrscheinlich schon früh wieder gehen und hatten wohl auch eine Entschuldigung parat – „Ich muss los. Dieses oder jenes wartet auf mich" –, und dann stellten sie plötz-

lich fest, dass sie alle herumsaßen und eine viel bessere indische Mahlzeit zu sich nahmen als sie es jemals bei einem üblichen Imbiss bekommen hätten. Alle waren ziemlich beeindruckt.

Mukunda: Wir haben bisher auf unseren kostenlosen Festen auf der ganzen Welt über 150 Millionen Teller *prasādam* serviert. Dazu kommen noch unsere Restaurants.

George: Ihr solltet das auf großen Werbeflächen bekanntgeben, so wie es die Burger-Restaurants tun. „Über 150 Millionen serviert." Das wäre großartig. Es ist schade, dass ihr nicht in allen Städten und Dörfern ein Restaurant oder einen Tempel habt, so wie die Imbisse mit Burgern und Brathähnchen. Ihr solltet sie vom Markt verdrängen.

Mukunda: Bist du in unserem Londoner Restaurant „Healthy, Wealthy and Wise" gewesen?

George: Oft. Es ist gut, dass es Restaurants gibt, in denen Gottgeweihte in Zivil das Essen servieren. Den Leuten wird allmählich klar: „Das ist eines der besten Lokale, das ich kenne", und sie kommen immer wieder. Später nehmen sie vielleicht ein Buch oder eine Broschüre mit und merken plötzlich: „Sieh mal einer an, das gehört den Hare Kṛṣṇas." Meiner Meinung nach hat diese etwas subtilere Annäherung auch ihren Wert. „Healthy, Wealthy and Wise" verwendet gute, ausgewogene Lebensmittel und viel Frischware. Was noch wichtiger ist, dort wird mit Hingabe gekocht, was viel zu bedeuten hat. Wenn du weißt, dass jemand etwas mit Widerwillen gekocht hat, schmeckt es einfach nicht so gut im Vergleich zu Speisen, die mit der Absicht gekocht wurden, Gott zu erfreuen – sie Ihm zuerst darzubringen. Schon das allein führt dazu, dass das Essen so viel besser schmeckt.

Mukunda: Paul und Linda McCartney bestellen häufig

prasādam bei „Healthy, Wealthy and Wise". Vor nicht allzu langer Zeit traf Paul einen Gottgeweihten in der Nähe seines Londoner Studios. Später schrieb er ein Lied darüber. In einem Interview mit James Johnson in einer Londoner Zeitung sagte er: „Eines meiner Lieder, ‚One of These Days' handelt von einer Begegnung mit einem Hare Kṛṣṇa auf dem Weg ins Studio. Wir redeten über verschiedene Lebensphilosophien und so weiter. Ich bin kein Hare Kṛṣṇa, aber ich sympathisiere mit der Bewegung."

Du bist seit Jahren Vegetarier. Fällt es dir schwer, auf Fleisch, Fisch und Eier zu verzichten?

George: Nein. Ich habe mich über gesunde Ernährung schlau gemacht und achte jetzt darauf, jeden Tag eine *dāl*-Suppe oder etwas Ähnliches zu essen. Eigentlich sind Linsen eines der billigsten Lebensmittel und sie versorgen uns mit erstklassigem Protein. Die Leute wissen nicht, was sie tun, wenn sie in den Laden gehen und Rindersteak kaufen, das zu Krebs und Herzleiden führt. Das Zeug kostet außerdem ein Vermögen. Für den Preis von einem halben Dutzend Filets könnte man tausend Menschen mit Linsensuppe versorgen. Das ist doch unbegreiflich!

Mukunda: Eines der Dinge, die einen bleibenden Eindruck bei den Menschen hinterlassen, wenn sie unsere Tempel besuchen oder unsere Bücher lesen, sind die Bilder und Skulpturen unserer Künstler, die Szenen aus Kṛṣṇas Spielen darstellen. Śrīla Prabhupāda sagte einmal, diese Bilder seien „Fenster in die spirituelle Welt" und gründete deshalb sogar eine eigene Kunstakademie, um seine Schüler in den Techniken der Schaffung transzendentaler Kunst auszubilden. Heute haben Zehntausende Leute diese Gemälde in ihren Wohnungen hängen – entweder als Originale, Lithografien, Leinwanddrucke oder

Poster. Du hast unsere Multimedia-Show im *Bhagavad-gītā*-Museum von Los Angeles gesehen. Was für eine Wirkung hat diese Darstellung auf dich gehabt?

George: Einfach großartig! Besser als Disneyland, wirklich! Ich meine, es hat ebenso viel zu bieten wie ein Vergnügungspark oder das Smithsonian Institute in Washington. Die Skulpturen und Schaubilder sind beeindruckend und die Musik ist überwältigend. Es gibt den Menschen ein echtes Gefühl dafür, wie das Reich Gottes aussehen muss. Es illustriert philosophisches Grundwissen auf eine Weise, die selbst für ein Kind verständlich ist: zum Beispiel wie der Körper von der Seele verschieden und die Seele das Wichtigste ist. Ich umgebe mich immer mit Bildern wie jenem, das Kṛṣṇa auf dem Wagen zeigt; das gleiche Bild erscheint im Innenteil des Albums *Material World*. Außerdem habe ich in meinem Garten einen Brunnen mit einer Skulptur Śivas, die Gottgeweihte für mich gefertigt haben.* Bilder helfen mir sehr, wenn ich chante. Das Bild in der *Bhagavad-gītā*, das die Überseele im Herzen eines Hundes, einer Kuh, eines Elefanten, eines Bettlers und eines Priesters zeigt, eignet sich zum Beispiel sehr gut, um zu veranschaulichen, dass Kṛṣṇa im Herzen aller Geschöpfe weilt. Es spielt keine Rolle, welche Art von Körper man hat – der Herr ist bei dir. Wir sind im Grunde alle gleich.

* Nachdem George die Schaubilder im *Bhagavad-gītā*-Museum in Los Angeles gesehen hatte, bat er die Künstler, ihm einen Brunnen mit einer lebensgroßen Śiva-Statue anzufertigen. Śiva, einer der Hauptgötter des Hindu-Pantheons und ein großer Geweihter Kṛṣṇas, sitzt in Meditationspose, während Wasser aus seinem Haupthaar hervorsprudelt. Schon bald fand der Brunnen seinen Platz in den Gärten von Georges Landsitz, die zu den schönsten in ganz England gezählt werden.

Im Gespräch mit Śrīla Prabhupāda

Mukunda: George, du und John Lennon, ihr habt euch mit Śrīla Prabhupāda unterhalten, als er im September 1969 bei John zu Gast war.
George: Richtig. Davor, bei meiner ersten Begegnung mit ihm, hatte ich ihn unterschätzt. Damals war mir nicht bewusst, dass es ihm zu verdanken ist, dass sich das Mantra in den letzten 16 Jahren so weit verbreitet hat, viel mehr als in den letzten 500 Jahren. Das ist einfach unglaublich. Denn er wurde ja immer älter, schrieb aber weiter unaufhörlich an seinen Büchern. Später wurde mir klar, dass er viel außergewöhnlicher war, als man auf den ersten Blick meinen könnte.
Mukunda: Was hat dich am meisten beeindruckt?
George: Was ich nie vergessen werde, sind seine Worte: „Ich bin der Diener des Dieners des Dieners." Das gefällt mir. Viele sagen: „Ich bin Es. Ich bin eine Inkarnation Gottes. Hier bin ich, lass mich deine Augen öffnen." Weißt du, was ich meine? Prabhupāda war ganz anders. Vor allem seine Demut war es, die mich beeindruckte. Ich mochte seine Bescheidenheit, seine Einfachheit. Der Diener des Dieners des Dieners zu sein – darum geht es eigentlich. Keiner von uns ist Gott – wir sind nur Seine Diener. In Prabhupādas Gegenwart fühlte ich mich einfach wohl. Wenn ich bei ihm saß, war ich immer völlig entspannt, denn er war eher wie ein Freund. Für mich war er wie ein guter Freund. Obwohl er damals schon 73 Jahre alt war und praktisch die ganze Nacht lang übersetzte, Tag für Tag, mit sehr wenig Schlaf, machte er nie auf mich den Eindruck eines hochgebildeten intellektuellen Gelehrten, denn er hatte eine gewisse kindliche Einfachheit. Ich fand das großartig, einfach fantastisch. Obwohl er der größte

Sanskritgelehrte war, und dazu ein Heiliger, war ich dankbar dafür, dass er mich nie in Verlegenheit brachte. Im Gegenteil, er tat alles, damit ich mich wie zu Hause fühlte. Er behandelte mich wie ein guter Freund, und noch heute betrachte ich ihn als einen guten alten Freund.

Mukunda: In einem seiner Bücher sagt Prabhupāda, dass dein aufrichtiger Dienst besser sei als der einiger anderer, die sich intensiver mit dem Kṛṣṇa-Bewusstsein beschäftigt hatten, aber ihre Versprechen nicht einhalten konnten. Wie stehst du dazu?

George: Wunderbar, wirklich. Ich meine, diese Worte geben mir große Hoffnung, denn wie es so schön heißt, kann schon ein Augenblick mit einer göttlichen Person – einem reinen Geweihten Kṛṣṇas – von unermesslicher Hilfe sein.

Und ich glaube, dass Prabhupāda es wirklich schätzte, dass jemand von außerhalb des Tempels half, das Album aufzunehmen. Allein die Tatsache, dass er sich darüber freute, war für mich ermutigend. Ich wusste, dass ihm die Hare-Kṛṣṇa-Mantra-Schallplatte gefiel, und er bat später die Geweihten, das Lied „Govinda" im Tempel zu spielen. Das machen sie doch immer noch, oder?

Mukunda: Jeder Tempel hat eine Aufnahme, und wir spielen das Lied jeden Morgen, wenn sich die Gottgeweihten vor dem Altar versammeln. Es ist mittlerweile so etwas wie eine feste Einrichtung in der ISKCON geworden.

George: Und wenn ich bezüglich meiner Lieder über Kṛṣṇa oder der Philosophie von Prabhupāda kein Feedback bekam, dann bekam ich es von den Gottgeweihten. Mehr Ermutigung brauchte ich gar nicht. Ich hatte den Eindruck, dass ihn alles erfreute, was ich im spirituellen Bereich tat, ganz gleich, ob ich Lieder schrieb oder bei der

Veröffentlichung der Bücher half. Mein Lied „Living in the Material World" war, wie ich in *I, Me, Mine* schrieb, von Śrīla Prabhupāda beeinflusst. Er war es, der mir erklärte, dass wir nicht der physische Körper sind, sondern uns darin befinden.

Wie ich in dem Lied sage, ist dieser Ort nicht unser wirkliches Zuhause. Wir gehören nicht hierher, sondern in die spirituelle Welt. Es geht eigentlich nur darum, den Weg hinaus zu finden.

As I'm fated for the material world
Get frustrated in the material world
Senses never gratified
Only swelling like a tide
That could drown me in the material world

Mein Schicksal liegt in der materiellen Welt
Werde in der materiellen Welt frustriert
Die Sinne nie befriedigt
Sie schwellen nur an wie eine Flut,
die mich in der materiellen Welt ertränken könnte

Das war das Besondere an Prabhupāda. Er redete nicht nur darüber, Kṛṣṇa zu lieben und diesen Ort zu verlassen; er war das perfekte Beispiel. Er sagte, man solle immer chanten und er chantete immer. Ich glaube, das hat mich vielleicht am meisten angetrieben. Sein Beispiel genügte, um mich dazu zu bringen, mich stärker zu bemühen, ein wenig besser zu sein. Er war ein perfektes Beispiel für alles, was er predigte.

Mukunda: Wie würdest du Śrīla Prabhupādas literarischen Beitrag beschreiben?

George: Ich denke, sein Schaffen ist von größter Bedeutung, wahrhaft gigantisch. Selbst im Vergleich zu jemandem wie William Shakespeare ist die Menge Literatur, die Śrīla Prabhupāda produziert hat, beachtlich. Es verschlägt einem die Sprache. Manchmal kam er tagelang mit nur ein paar Stunden Schlaf aus. Nicht einmal jemand, der jung und durchtrainiert ist, hätte mit ihm mithalten können, und man darf nicht vergessen, dass er damals schon 79 Jahre alt war.

Śrīla Prabhupāda hat schon heute eine tiefgreifende Wirkung auf die Welt. Die Langzeitwirkung ist gar nicht abzusehen. Eines Tages kam mir der Gedanke: „Mein Gott, dieser Mann ist unglaublich!" Er konnte die ganze Nacht damit verbringen, vom Sanskrit ins Englische zu übersetzen, Glossare anzulegen, um sicherzustellen, dass auch jeder den Text versteht, und doch machte er nie den Eindruck, über dir zu stehen. Er hatte immer diese kindliche Einfachheit. Und was mich am meisten beeindruckt hat, ist die Tatsache, dass er seine Übersetzungen in so relativ kurzer Zeit – in nur ein paar Jahren – bewerkstelligte. Mit nicht mehr als seinem eigenen Kṛṣṇa-Bewusstsein sammelte er Tausende Gottgeweihte um sich und rief eine ganze Mission ins Leben, die so stark wurde, dass sie sich auch nach seinem Tod im Jahr 1977 weiter verbreitete. Noch heute hat die Bewegung für Kṛṣṇa-Bewusstsein eine erstaunliche Wachstumsrate. Und mit dem von ihm hinterlassenen Wissen als Grundstein wird die Mission immer weiter wachsen. Je mehr Menschen spirituell erwachen, desto mehr werden sie die Tiefgründigkeit der Worte Prabhupādas erkennen und wertschätzen, wie viel er der Menschheit gegeben hat.

Mukunda: Wusstest du, dass Prabhupādas Bücher in allen wichtigen Hochschulen und Universitäten der Welt in vollständiger Ausführung zu finden sind, sogar in Harvard, Yale, Princeton, Oxford, Cambridge und der Sorbonne?

George: Das ist auch gut so! Was mir bei Prabhupāda besonders auffiel, war unter anderem die Art, wie er mit dir Englisch redete, dann plötzlich auf Sanskrit fortfuhr und das Gesagte zurück ins Englische übersetzte. Es lag auf der Hand, dass er sehr gelehrt war. Sein Beitrag ist, vom literarischen Standpunkt aus betrachtet, einzigartig, denn er rückt die Höchste Person, Kṛṣṇa, in den Mittelpunkt. Viele Gelehrte und Schriftsteller kennen die Gītā, aber nur auf der intellektuellen Ebene. Selbst wenn sie schreiben „Kṛṣṇa sprach", tun sie es nicht mit der erforderlichen *bhakti* (Liebe). Das aber ist das Geheimnis. Kṛṣṇa ist eine Person, der Höchste Herr, und Er erscheint in den Seiten der *Bhagavad-gītā,* sobald Liebe, *bhakti,* vorhanden ist. Man kann Gott nicht verstehen, ohne Ihn zu lieben. Es ist zu bezweifeln, dass diese großen, angeblich vedischen Gelehrten Kṛṣṇa lieben; folglich können sie Ihn nicht verstehen und Ihn uns nicht geben. Prabhupāda war anders.

Mukunda: Die vedischen Schriften sagen voraus, dass nach dem Erscheinen Sri Caitanyas vor 500 Jahren ein goldenes Zeitalter von 10 000 Jahren anbrechen werde. In diesem Zeitraum werde das Chanten der heiligen Namen Gottes alle negativen Einflüsse der heutigen Zeit zunichtemachen und echten spirituellen Frieden in die Welt bringen.

George: Auf jeden Fall hat Prabhupāda die Welt in einer noch nie dagewesenen Weise beeinflusst. Was er uns geben hat, ist die höchste Literatur, das höchste Wissen. Es gibt einfach nichts Höheres.

Mukunda: Du schreibst in deiner Autobiografie: „Ganz gleich, wie gut du bist, du brauchst immer noch Gnade, um aus der materiellen Welt herauszukommen. Du kannst ein Yogi, ein Mönch oder eine Nonne sein, aber ohne Gottes Gnade kann du es nicht schaffen." Und am Ende des Liedes „Living in the Material World" sagst du: „Ich muss hier raus durch Kṛṣṇas Gnade. Er rettet mich aus dieser Welt." Wenn wir also von der Gnade Gottes abhängig sind, wie verstehst du dann das Sprichwort „Hilf dir selbst, so hilft dir Gott"?

George: Es kommt darauf an. Einerseits werde ich nie hier herauskommen, außer durch Seine Gnade – andererseits gewährt Er Seine Gnade in dem Maße, wie stark mein Wunsch ist. Das Ausmaß der Gnade, die ich von Gott erwarten kann, richtet sich nach der Menge Gnade, die ich aufbringen oder mir verdienen kann. Ich bekomme, was ich gebe. Diesbezüglich habe ich in einem Lied über Prabhupāda Folgendes geschrieben:

Der Herr liebt den, der den Herrn liebt.
Und das Gesetz sagt: Wenn du nicht gibst,
dann bekommst du keine Liebe zurück.
Der Herr hilft denen, die sich selbst helfen.
Und das Gesetz sagt: Was immer du tust,
kommt wieder zu dir zurück.

„The Lord Loves The One (That Loves The Lord)" aus dem Album *Living in the Material World.*

Hast du das Lied „That Which I Have Lost" aus meinem neuen Album *Somewhere in England* gehört? Das Thema stammt direkt aus der *Bhagavad-gītā*. Darin beschreibe ich den Kampf gegen die Mächte der Finsternis, Einschränkungen, Falschheit und Sterblichkeit.

Gott ist eine Person

Mukunda: Ja, das Lied gefällt mir. Wenn die Menschen die Botschaft des Herrn in der *Bhagavad-gītā* verstehen, können sie wirklich glücklich werden. Viele verehren zu Beginn ihres spirituellen Lebens Gott als eine unpersönliche Energie. Was ist der Unterschied zwischen der Verehrung Kṛṣṇas in Seiner persönlichen Form und der Verehrung Seiner unpersönlichen Natur als Energie oder Licht?

George: Es ist wie der Unterschied zwischen der Beziehung zu einem Computer und der Beziehung zu einer Person. Wie ich bereits sagte: „Wenn es einen Gott gibt, will ich Ihn sehen, nicht nur Seine Energie oder Sein Licht."

Mukunda: Was glaubst du, ist das Ziel des menschlichen Lebens?

George: Jeder muss sein eigenes Karma verbrennen, die Ketten *māyās* [der illusorischen Energie] abstreifen und den Kreislauf der Wiedergeburt beenden. Das Beste, was jemand der Menschheit geben kann, ist Gottesbewusstsein. Dann gibt man etwas, was echten Wert hat. Aber zuerst muss man sich auf seinen eigenen spirituellen Fortschritt konzentrieren. In gewissem Sinne muss man zuerst selbstisch sein, um später selbstlos zu werden.

Mukunda: Was hältst du von dem Versuch, die Probleme des Lebens ohne einen spirituellen Vorgang zu lösen?

George: Das Leben ist wie ein Stück Schnur mit vielen Knoten. Die Knoten sind das Karma aus vergangenen Leben. Das Ziel menschlichen Lebens ist es, alle diese Knoten zu lösen. Das Chanten und die Meditation mit Gottesbewusstsein kann dies bewirken. Andernfalls ist es so, dass du bei jedem Versuch, einen Knoten zu lösen, weitere zehn Knoten bindest. Das ist das Gesetz des Karmas. Was wir jetzt sind, ist das Ergebnis vergangener Handlungen, und die Zukunft wird das Ergebnis unserer jetzigen Handlungen sein. Wenn wir die Bedeutung von „Wie du säst, so wirst du ernten" verstehen, dann werden wir die Schuld für unsere jetzige Lage nicht auf andere schieben. Dann ist uns klar, dass es unser eigenes Handeln ist, dass uns immer mehr in eine unangenehme Lage bringt oder uns hilft, frei zu werden. Es sind unsere eigenen Handlungen, die uns freimachen oder fesseln.

Mukunda: Das *Śrīmad-Bhāgavatam,* das Kronjuwel aller vedischen Schriften, beschreibt, wie die reinen Seelen, die in der spirituellen Welt mit Gott leben, verschiedene *rasas* (Beziehungen) zu Ihm haben. Wenn du an Kṛṣṇa denkst, bevorzugst du einen bestimmten Aspekt?

George: Mir gefällt Kṛṣṇa als Baby, so wie Er häufig in Indien dargestellt wird. Auch als Govinda, der Kuhhirtenjunge. Ich mag die Vorstellung, dass man Kṛṣṇa als Baby haben und für Ihn sorgen kann. Oder als Freund oder Guru- bzw. Meister-Figur.

„My Sweet Lord"

Mukunda: Es ist wohl schwer abzuschätzen, wie viele Menschen durch dein Lied „My Sweet Lord" zum Kṛṣṇa-Bewusstsein gekommen sind. Aber keiner weiß, dass dir die Entscheidung keineswegs leichtgefallen ist. In deinem Buch schreibst du:

> Ich überlegte hin und her, ob ich „My Sweet Lord" als Platte herausgeben sollte oder nicht, denn eine Veröffentlichung würde bedeuten, an die Öffentlichkeit zu gehen, mich öffentlich zu bekennen … Vielen Menschen sind die Begriffe „Herr" und „Gott"

suspekt ... Ich würde meine Seele blanklegen, mich verwundbar machen ... aber zur gleichen Zeit dachte ich: „Niemand bekennt sich ... warum soll ich nicht zu mir selbst stehen?“ Ich kam zu der Überzeugung, dass man zu dem stehen sollte, was einem wichtig ist. Wenn man etwas stark genug fühlt, dann sollte man es auch zum Ausdruck bringen.

Ich wollte zeigen, dass Halleluja und Hare Kṛṣṇa eigentlich das Gleiche sind. Ich ließ also die Chorstimmen „Halleluja“ singen und dann zu „Hare Kṛṣṇa“ wechseln. Auf diese Weise würden die Leute das *mahā-mantra* chanten, ohne gleich zu merken, was los war! Ich hatte Hare Kṛṣṇa schon lange gechantet, und mit diesem Lied wollte ich eine westliche Popversion eines Mantras schaffen, das die heiligen Namen ständig wiederholt. Ich habe deshalb keine Schuldgefühle oder Scham; im Gegenteil, man darf nicht vergessen, dass dieses Lied so manchem Heroinsüchtigen das Leben gerettet hat.

Warum wolltest du unbedingt „Hare Kṛṣṇa“ auf dem Album haben? Hätte „Halleluja“ nicht gereicht?

George: „Halleluja“ ist eine Hymne, mit der Christen ihre Freude zum Ausdruck bringen, aber „Hare Kṛṣṇa“ hat etwas Mystisches. Es ist mehr als nur ein Lobgesang; es ist eine Bitte an Gott, Sein Diener zu werden. Und wegen der Art und Weise, wie das Mantra zusammengesetzt ist, das heißt durch die in den Silben enthaltene mystische spirituelle Energie, ist das *mahā-mantra* viel näher an Gott als die Art und Weise, wie die christliche Lehre Ihn derzeit darzustellen scheint. Obwohl Christus meiner Meinung nach ein absoluter Yogi ist, glaube ich, dass viele der heutigen christlichen Lehrer Jesus nicht gerecht werden. Sie sollten seine Stellvertreter sein, tun sich aber ziemlich schwer damit. Sie haben ihn praktisch „sitzengelassen" und das begeistert niemanden.

Mit „My Sweet Lord", was ja wie ein Popsong klingt, wollte ich mich sozusagen von hinten an die Leute heranschleichen. Gegen „Halleluja" hat ja wohl kaum jemand etwas einzuwenden, und wenn schließlich „Hare Kṛṣṇa" kommt, hab ich sie bereits am Haken. Sie gehen mit dem Takt mit und singen „Halleluja" – sie wiegen sich also in Sicherheit –, dann kommt plötzlich „Hare Kṛṣṇa" und alle singen mit, bevor sie wissen, was geschehen ist. Und einige werden denken: „Hey, ich dachte, Hare Kṛṣṇa sollte mir eigentlich nicht gefallen!"

Ich bekomme noch heute Briefe, in denen die Menschen mich fragen, was für ein Stil das sei. Zehn Jahre später versuchen sie immer noch herauszufinden, was die Worte bedeuten. Es war eigentlich nur ein kleiner Trick. Und niemand hat sich beleidigt gefühlt. Aus irgendeinem Grund habe ich nie Post von Christen bekommen, die das Lied als eine Beleidigung empfunden haben und vielleicht meinen: „Wir mögen es bis zu einem gewissen Grad, aber was soll dieses ‚Hare Kṛṣṇa'?"

„Halleluja" mag ursprünglich eine Art Mantra gewesen sein, das später verwässert wurde, aber ich bin mir nicht sicher, was es wirklich bedeutet. Das griechische Wort für Christus ist *Kristos*, womit, seien wir ehrlich, Kṛṣṇa gemeint ist, und *Kristos* ist im Grunde der gleiche Name.

Mukunda: Was ist deiner Meinung nach der Unterschied zwischen der christlichen Gottesvorstellung und Kṛṣṇa, wie Ihn die *Bhagavad-gītā* beschreibt?

George: Als ich dieses Anwesen zum ersten Mal besuchte, wohnten hier Nonnen. Ich hatte ein Poster von Viṣṇu bei mir, auf dem man nur den Kopf und die Schultern und seine vier Arme sieht, die eine Muschel und verschiedene andere Symbole halten. Darüber stand ein großes OM geschrieben. Das Bild hat eine schöne Aura. Ich ließ es am Kamin und ging hinaus in den Garten. Als wir zurück ins Haus kamen, stürzten sich die Nonnen auf mich und fragten: „Wer ist das? Was ist das?“, als ob es sich um einen heidnischen Gott handelte. Ich sagte zu ihnen: „Wenn Gott unbegrenzt ist, dann kann Er in jeder beliebigen Form erscheinen. Das ist eine von ihnen. Das ist Viṣṇu.“

Die Nonnen waren ziemlich aufgebracht, aber warum sollte Gott begrenzt sein? Selbst Kṛṣṇa ist nicht auf das Bild Kṛṣṇas beschränkt. Er kann als Baby erscheinen oder als Govinda; Er kann in so vielen anderen bekannten Formen erscheinen. Du kannst Kṛṣṇa als kleinen Jungen sehen, so wie Er mir am besten gefällt. Diese Beziehung ist voller Freude. Aber es gibt diese morbide Seite, wie viele heute das Christentum darstellen: Auf keinen Fall lächeln, weil es zu ernst ist, und erwarte nicht, Gott zu sehen – diese Schiene. Aber wenn es Gott gibt, dann muss es auch möglich sein, Ihn zu sehen. Ich halte nichts von der Vorstellung, die in den meisten Kirchen vertreten wird, wo es heißt: „Nein, du wirst Ihn nie zu Gesicht bekommen. Er steht viel zu hoch über dir. Glaube einfach, was wir dir sagen, und halte den Mund.“

Man muss bedenken, dass das Wissen in Prabhupādas Büchern – die vedische Darstellung – auf den ältesten Schriften der Welt beruht. Dort heißt es, dass der Mensch gereinigt werden und mit geläuterten Augen Gott sehen könne. Durch das Chanten wird man rein. Dann kann man Ihn sehen. Und Sanskrit, die Sprache dieser Schriften, ist die erste aufgezeichnete Sprache der Welt. Die Bezeichnung „Devanāgarī" [fürs Sanskrit-Alphabet] bedeutet eigentlich „die Städte der Halbgötter" [wo die Bewohner Sanskrit sprechen].

Mukunda: Jeder, der aufrichtig spirituellen Fortschritt erzielen will, ganz gleich welcher Religion er angehören mag, kann in der Regel den Wert des Chantens erkennen – das heißt, wenn jemand wirklich versucht, gottesbewusst zu sein und aufrichtig zu chanten.

George: Genau. Du musst einfach nur offen sein. Wer unvoreingenommen ist, kann es. Du musst nur offen sein und darfst keine Vorurteile haben. Du musst es einfach nur versuchen. Du hast ja nichts zu verlieren. Aber die sogenannten Intellektuellen haben immer Probleme, weil sie immer meinen, alles wissen zu müssen. Sie sind oft in höchstem Maß spirituell bankrott, weil sie nie loslassen können. Sie begreifen nicht, was es bedeutet, den Intellekt zu transzendieren. Ein gewöhnlicher Mensch dagegen ist eher bereit zu sagen: „Gut, es ist einen Versuch wert, wir werden ja sehen, ob es funktioniert." Das Chanten von Hare Kṛṣṇa kann selbst einen Christen zu einem besseren Christen machen.

Karma und Reinkarnation

Mukunda: In *I, Me, Mine* sprichst du über Karma und Reinkarnation und erklärst, wie man nur durch einen echten spirituellen Vorgang aus dem Kreislauf von Geburt und Tod herauskommen kann. Du sagst an einer Stelle: „Jeder hat Angst vor dem Tod, aber die Ursache des Todes ist die Geburt. Wenn du also nicht sterben willst, werde nicht geboren!" Glaubt einer von den anderen Beatles an Reinkarnation?

George: Ich bin sicher, John war davon überzeugt. Und ich würde Paul und Ringo in dieser Hinsicht nicht unterschätzen. Ich wäre nicht überrascht, wenn sie insgeheim hofften, es wäre wahr. Meiner Meinung nach könnte Ringo ein als Schlagzeuger verkleideter Yogi sein!
Mukunda: Auf jeden Fall hat Paul unser neuestes Buch *Coming Back: The Science of Reincarnation* bekommen. Was meinst du, wo Johns Seele jetzt ist?
George: Ich hoffe doch, dass er sich an einem besseren Ort befindet. Er hatte auf jeden Fall begriffen, dass jede Seele wiedergeboren wird, bis sie vollkommen rein ist, und dass jede Seele ihre eigene Bestimmung hat, die durch die Reaktionen auf die Aktionen in diesem und in früheren Leben zustande kommt.
Mukunda: Bob Dylan hat eine Zeit lang viel gechantet. Er kam öfters zum Tempel in Los Angeles und hat auch die Tempel in Denver und Chicago besucht. Soweit ich weiß, fuhr er mit zwei unserer Geweihten quer durch die Vereinigten Staaten und schrieb während der Reise mehrere Lieder über Kṛṣṇa. Und natürlich chanteten sie auch viel.
George: Das stimmt. Er hat mir gegenüber erwähnt, dass ihm das Chanten und die Fahrt mit den Gottgeweihten viel bedeutet haben.

Ihr habt auch auf einer von Stevie Wonders Schallplatten gechantet. Das Lied „Pastimes Paradise“, bei dem die Geweihten am Ende chanten, ist großartig.
Mukunda: Als du in Vṛndāvana, in Indien, warst, wo Kṛṣṇa erschien, und du gesehen hast, wie Tausende Menschen Hare Kṛṣṇa chanten, hat das deinen Glauben an das Chanten gestärkt, dass eine ganze Stadt Hare Kṛṣṇa chantet?
George: Ja, das stärkt einen. Es hilft auf jeden Fall. Es

ist unglaublich, an einem Ort zu sein, wo die ganze Stadt chantet. Ich hatte auch den Eindruck, dass die Leute völlig überrascht waren, dass ein Weißer auf einer Perlenkette chantet. Vṛndāvana ist eine der heiligsten Städte Indiens. Jeder chantet Hare Kṛṣṇa, überall. Es war mein bisher größtes Erlebnis.

Mukunda: Du schreibst in deinem Buch: „Die meisten Leute verhalten sich wie Narren, vor allem jene, die glauben, die Welt und ihre Bewohner beherrschen zu können. Die Präsidenten, die Politiker, das Militär usw. tun so, als wären sie Herr über alles um sie herum. Das ist im Grunde das größte Problem unseres Planeten."

George: Genau. Solange du nicht im Gottesbewusstsein handelst und dir darüber im Klaren bist, dass Er derjenige ist, der die Fäden in der Hand hält, häufst du nur eine Menge Karma an und hilfst weder dir noch anderen. Etwas in mir wird immer todtraurig, wenn ich an den Zustand der heutigen Welt denke. Die Weltlage ist so vermasselt. Es ist schrecklich und es wird immer schlimmer. Überall immer mehr Beton, mehr Verschmutzung, mehr Radioaktivität. Es gibt keine unberührte Natur mehr, keine reine Luft. Sie holzen die Wälder ab. Sie verschmutzen die Weltmeere. In gewisser Hinsicht bin ich pessimistisch, was die Zukunft unseres Planeten betrifft. Die da oben begreifen nicht, dass es für alles, was sie tun, eine Reaktion gibt. Du musst für alles bezahlen. Das ist Karma.

Mukunda: Glaubst du, es gibt noch Hoffnung?

George: Ja. Einer nach dem anderen – jeder muss *māyā* entkommen. Jeder muss sein Karma verbrennen und der Wiedergeburt entkommen. Es ist absurd zu denken, dass wir alle in Ruhe und für immer glücklich leben können, wenn vielleicht Großbritannien oder Amerika oder Russland die Oberhand gewinnen. Das funktioniert nicht. Das

Beste, was man anderen geben kann, ist Gottesbewusstsein. Als Erstes sollte jeder seine göttliche Natur begreifen und danach leben. Die Wahrheit liegt vor unseren Augen. Sie ist in uns allen. Verstehe, was du bist. Wenn die Menschen nur aufwachen und sehen würden, was echt ist, dann gäbe es kein Elend auf der Welt. Ich glaube, das Chanten ist ein guter Anfang.

Mukunda: Vielen Dank, George.

George: Gern geschehen. Hare Kṛṣṇa!

KAPITEL ZWEI

Chanten für Befreiung

Śrīla Prabhupāda spricht mit
John Lennon, Yoko Ono und George Harrison
über das Hare-Kṛṣṇa-Mantra.

Montreal Star, Juni 1969:

Reporter: Woher bekommt ihr eure Kraft?
John Lennon: Von Hare Krishna.
Yoko: Ja, vom Chanten. Das geben wir auch ganz offen zu.

Im September 1969 kam His Divine Grace A. C. Bhaktivedanta Swami Prabhupāda, der Gründer und spirituelle Leiter der Hare-Kṛṣṇa-Bewegung, für zwei Monate nach Tittenhurst Park, John Lennons 35 Hektar großen Landsitz außerhalb Londons. Während seines Aufenthalts gab er mehrmals pro Woche öffentliche Vorträge in einem stattlichen Gebäude auf der Nordseite des Grundstücks, nicht weit vom Herrenhaus, das John und Yoko bewohnten.

Im Hauptsaal des Gebäudes hatten früher Kammermusikabende stattgefunden, aber jetzt hatten ein paar Schüler Śrīla Prabhupādas, die zusammen mit ihm auf dem Grundstück wohnten, einen kleinen Altar eingerichtet und ein Podium aufgestellt. Das Gebäude hatte nie wirklich einen Namen gehabt, aber nach Śrīla Prabhupādas Ankunft nannten es alle „den Tempel".

Am 14. September 1969 kochten die Gottgeweihten des Tempels für John, Yoko und George ein vegetarisches Festessen. Danach trafen sich die drei mit Śrīla Prabhupāda zu einem Gespräch.

Welches Mantra sollte man chanten?

Yoko Ono: Wenn Hare Krishna so ein starkes, mächtiges Mantra ist, gibt es dann einen Grund, etwas anderes zu chanten? Sie sprachen gestern über Lieder und verschiedene Mantras. Hat es einen Sinn, andere Lieder oder Mantras zu chanten?

Śrīla Prabhupāda: Es gibt andere Mantras, aber das Hare-Kṛṣṇa-Mantra wird für die heutige Zeit besonders empfohlen. Trotzdem chanten wir auch andere vedische Mantras. Wie ich schon sagte, früher setzten sich die Weisen mit ihren Musikinstrumenten, zum Beispiel einer Tanpura, zusammen und chanteten. Narada Muni chantet ständig Mantras und spielt auf seiner Vina, einem Saiteninstrument. Lautes Chanten mit der Begleitung von Musikinstrumenten ist also nichts Neues. Das hat es immer schon gegeben. Aber das Chanten des Hare-Kṛṣṇa-Mantras wird besonders für die heutige Zeit empfohlen. Das steht in vielen vedischen Schriften, unter anderem im *Brahmāṇḍa Purāṇa*, in der *Kali-santaraṇa Upaniṣad* und im *Agni Purāṇa*. Außerdem hat Kṛṣṇa persönlich in der Gestalt Sri Caitanyas allen Menschen empfohlen, das Hare-Kṛṣṇa-Mantra zu chanten. Und viele folgten Ihm.

Wenn ein Wissenschaftler etwas entdeckt, wird die Entdeckung Gemeingut und kann von allen Menschen genutzt werden. Wenn also ein Mantra eine bestimmte Kraft hat, sollten alle Menschen ihren Nutzen daraus ziehen können. Warum sollte das Mantra geheim bleiben? Wenn ein Mantra wertvoll ist, kommt es allen zugute. Warum sollte es nur einer bestimmten Person nutzen?

John Lennon: Wenn alle Mantras nichts anderes als Namen Gottes sind, dann ist es doch gleich, ob das Mantra geheim oder öffentlich ist. Alles ist der Name Gottes. Es fällt also nicht ins Gewicht, welches Mantra man chantet. Oder?

Śrīla Prabhupāda: Sehr wohl tut es das. In einer Apotheke werden zum Beispiel alle möglichen Medikamente für verschiedene Krankheiten verkauft. Trotzdem muss man ein Rezept vorlegen, um ein bestimmtes Medikament zu bekommen. Sonst wird der Apotheker es nicht abgeben. Jemand kann in die Apotheke gehen und sagen: „Ich bin krank. Geben Sie mir bitte irgendein Medikament." Aber der Apotheker wird nach dem Rezept fragen.

Das Rezept für das Zeitalter Kalis

Ähnlich verhält es sich mit dem Hare-Kṛṣṇa-Mantra, das die *śāstras* [die heiligen Schriften Indiens] für das Zeitalter Kalis [das gegenwärtige Zeitalter der Zwietracht und Heuchelei] verschreiben. Der große Lehrer Caitanya Mahāprabhu, den wir als eine Inkarnation Gottes anerkennen, hat dieses Mantra ebenfalls verschrieben. Unser Grundsatz lautet, dass sich jeder an die Empfehlung der großen Weisen und spirituellen Führer halten und ihrem Beispiel folgen sollte. Das ist unsere Pflicht. Im *Mahābhārata* (*Vana-Parva* 313.117) heißt es diesbezüglich:

tarko 'pratiṣṭhaḥ śrutayo vibhinnā
nāsāv ṛṣir yasya mataṁ na bhinnam
dharmasya tattvaṁ nihitaṁ guhāyāṁ
mahājano yena gataḥ sa panthāḥ

Dieses vedische Mantra drückt aus, wie schwierig es ist, der Absoluten Wahrheit durch Argumente näherzukommen. Argumentation und Rationalität sind ungeeignet, denn Argumente und Verstandeskraft sind begrenzt. Auch unsere Sinne sind unvollkommen. Es gibt eine verwirrende Vielzahl von Schriften und jeder Philosoph hat seine eigene Meinung. Solange ein Philosoph andere Philosophen nicht widerlegt, wird er nicht als großer Philosoph anerkannt. Eine Theorie ersetzt eine andere. Folglich werden uns philosophische Thesen nicht helfen, die Absolute Wahrheit zu erreichen. Die Absolute Wahrheit liegt im Verborgenen. Wie kann man also zu ihr gelangen? Indem man einfach jenen großen Persönlichkeiten folgt, die den Weg bereits mit Erfolg beschritten haben.

Im Kṛṣṇa-Bewusstsein besteht unsere philosophische Methode darin, großen Persönlichkeiten wie Kṛṣṇa, Sri Caitanya und den spirituellen Meistern der Vergangenheit zu folgen. „Nimm Zuflucht bei den echten Meistern und folge ihnen", lautet die Empfehlung der Veden, „dann kommst du ans Ziel."

Man kann sich ein Mantra nicht ausdenken

Im 4. Kapitel der *Bhagavad-gītā* sagt Śrī Kṛṣṇa das Gleiche zu Arjuna: *evaṁ paramparā-prāptam.* Auf diese Weise – durch die Schülerfolge – kommt das Wissen herab. *Sa kāleneha mahatā yogo naṣṭaḥ parantapa:* Aber im Laufe der Zeit wurde die Kette unterbrochen. „Deshalb", sagt Kṛṣṇa, „lehre Ich dich dasselbe Wissen noch einmal." Man sollte daher ein Mantra von einer Schülerfolge empfangen. In den Veden heißt es: *sampradāya-vihinā ye mantrās te niṣphalā matāḥ.* Wenn man ein Mantra nicht von einer Schülerfolge empfängt, ist es wirkungslos. *Mantrās te niṣphalā. Niṣphalā* bedeutet, dass etwas nicht das gewünschte Ergebnis hervorbringt. Wenn ein Mantra also nicht durch den richtigen Kanal zu uns gelangt, hat es keine Wirkung. Ein Mantra kann man sich nicht ausdenken. Es muss dem Höchsten Absoluten entspringen und durch den Kanal der Schülerfolge zu uns kommen. Nur dann ist es wirksam.

Der Philosophie des Kṛṣṇa-Bewusstsein zufolge gibt es vier Kanäle, das heißt vier Schülerfolgen, die Mantras überliefern: Eine stammt von Śiva, eine andere von der Göttin Lakṣmī, die dritte kommt von Brahmā und die vierte von den vier Kumāras. Die gleiche Botschaft kommt durch verschiedene Kanäle zu uns – die vier *sampradāyas* (Schülerfolgen). Man muss also sein Mantra von einer dieser vier *sampradāyas* bekommen; nur dann entfaltet es seine Kraft. Wenn wir das Mantra auf diese Weise erhalten, wirkt es. Wenn man sein Mantra nicht durch einen dieser *sampradāya*-Kanäle empfängt, ist es unwirksam und wird auch keine Früchte tragen..

Yoko Ono: Wenn das Mantra so viel Macht hat, ist es dann wirklich so wichtig, woher es kommt?

Śrīla Prabhupāda: Ja, das ist wichtig. Milch zum Beispiel ist nahrhaft. Keine Frage. Jeder weiß das. Aber wenn eine Schlange die Milch mit ihrer Zunge berührt, ist die Milch nicht mehr nahrhaft, sondern giftig.
Yoko Ono: Nun gut, Milch ist eine materielle Substanz.
Śrīla Prabhupāda: Das mag sein, aber da wir versuchen, etwas Spirituelles mit unseren materiellen Sinne zu verstehen, bleibt uns nichts anderes übrig, als ein materielles Beispiel anzuführen.
Yoko Ono: Ich glaube nicht, dass ein materielles Beispiel angemessen ist. Immerhin ist das Mantra nicht materiell. Es ist spirituell. Deshalb glaube ich nicht, dass man ein Mantra ruinieren kann. Ich frage mich, ob es überhaupt möglich ist, etwas Spirituelles zu ruinieren.
Śrīla Prabhupāda: Aber wenn man ein Mantra nicht durch den richtigen Kanal empfängt, ist es vielleicht gar nicht spirituell.
John Lennon: Wie kann man sich also sicher sein? Wie kann man sich Gewissheit verschaffen? Ihre Schüler zum Beispiel oder sonst jemand, der einen spirituellen Meister sucht – wie kann man sich sicher sein, dass der Meister echt ist?
Śrīla Prabhupāda: Man sollte natürlich nicht zu einem x-beliebigen Meister gehen.
John Lennon: Aber was ist, wenn ein Meister, der nicht einer dieser Schülerfolgen angehört, genau dasselbe sagt, wie einer, der dazugehört, und behauptet, sein Mantra stamme ebenfalls aus den Veden? Er spricht vielleicht mit genauso viel Autorität wie Sie. Es kann ja sein, dass alles, was er sagt, richtig ist. Ich finde das alles ziemlich verwirrend – als hätte man zu viele Früchte auf dem Teller.
Śrīla Prabhupāda: Wenn das Mantra durch eine echte Schülerfolge kommt, wird es seine Wirkung haben.

John Lennon: Aber das Hare-Kṛṣṇa-Mantra ist auf jeden Fall das beste?
Śrīla Prabhupāda: Ja
Yoko Ono: Wenn also Hare Kṛṣṇa am besten ist, warum etwas anderes chanten?
Śrīla Prabhupāda: Das stimmt. Es ist nicht notwendig, etwas anderes zu chanten. Das Hare-Kṛṣṇa-Mantra reicht aus, um die Vollkommenheit und Befreiung zu erlangen.
George Harrison: Ist es nicht wie mit Blumen? Einer bevorzugt Rosen und ein anderer Nelken. Bleibt die Entscheidung nicht dem einzelnen Sucher überlassen? Der eine findet vielleicht, dass Hare Kṛṣṇa seinen spirituellen Fortschritt fördert, und ein anderer findet, dass ein anderes Mantra besser zu ihm passt. Ist es nicht eine Frage des Geschmacks? Wie bei Blumen? Es gibt die verschiedensten Blumen, aber manche bevorzugen eine bestimmte Blume vor allen anderen.
Śrīla Prabhupāda: Trotzdem gibt es Unterschiede. Eine Rose, die duftet, ist besser als eine Blume ohne Duft
Yoko Ono: Wenn das so ist, dann . . .
Śrīla Prabhupāda: Versuchen wir, das Blumenbeispiel zu verstehen.
Yoko Ono: Okay.
Śrīla Prabhupāda: Es mag ja sein, dass jemand eine bestimmte Blume bevorzugt, aber unter den Blumen gibt es Unterschiede. Viele Blumen haben keinen Duft; einige hingegen schon.
Yoko Ono: Ist eine Blume, die duftet, besser?
Śrīla Prabhupāda: Ja. Deshalb ist die Vorliebe, die man für eine bestimmte Blume hat, nicht die Antwort auf die Frage, welche tatsächlich besser ist. Ähnlich verhält es sich mit unseren persönlichen Vorlieben. Meine Vorliebe ist nicht die Antwort auf die Frage, wel-

che spirituelle Methode die beste ist. In der *Bhagavad-gītā* sagt Kṛṣṇa: „In dem Maße, wie sich die Leute Mir ergeben, belohne Ich sie. Alle folgen in jeder Hinsicht Meinem Pfad, o Sohn Pṛthās." Kṛṣṇa ist die höchste absolute Person. Wenn jemand eine bestimmte Beziehung mit Ihm genießen möchte, präsentiert sich Kṛṣṇa dementsprechend. Es ist wie das Blumenbeispiel. Jemand bevorzugt vielleicht eine gelbe Blume, aber diese Blume hat keinen Duft. Die Blume ist da; sie ist für diese Person, kein Problem. Aber wenn jemand eine Rose möchte, gibt ihm Kṛṣṇa eine Rose. Beide bekommen die Blume ihrer Wahl, aber bei genauem Vergleich hat die Rose einen höheren Stellenwert.

Yoko Ono: Ich sehe ein Muster in dem, was Sie sagen. Zum Beispiel haben Sie gesagt, „Hare Kṛṣṇa" sei die höchstwirksamste Wortkombination. Wenn das wahr ist, warum sprechen wir dann andere Wörter aus? Ich meine, ist es notwendig? Und warum ermutigen Sie uns, unser Talent als Songschreiber zu nutzen und zusätzlich zu Hare Kṛṣṇa andere Lieder zu schreiben?

Śrīla Prabhupāda: Das Chanten des Hare-Kṛṣṇa-Mantras ist die empfohlene Läuterungsmethode fürs Herz. Folglich braucht jemand, der regelmäßig Hare Kṛṣṇa chantet, nichts anderes zu tun. Er befindet sich bereits in der richtigen Position. Er muss nicht einmal Bücher lesen.

Yoko Ono: Da sind wir einer Meinung. Warum sagen Sie also, dass es in Ordnung ist, Lieder zu schreiben, Reden zu halten und so weiter? Das ist doch reine Zeitverschwendung oder nicht?

Śrīla Prabhupāda: Nein, es ist keine Zeitverschwendung. Śrī Caitanya Mahāprabhu verbrachte die meiste Zeit mit Chanten. Er war ein *sannyāsī,* jemand auf der spirituellen Lebensstufe der Entsagung. Andere prominente *sannyāsīs* kritisierten Ihn: „Du bist jetzt ein *sannyāsī* und studierst trotzdem nicht den *Vedānta-sūtra*. Du chantest und tanzt nur." Sie missbilligten Sein ständiges Hare-Kṛṣṇa-Chanten. Aber jedes Mal, wenn Caitanya Mahāprabhu solchen großen Gelehrten begegnete, blieb Er nicht schweigsam. Er verteidigte das Chanten von Hare Kṛṣṇa mit unwiderlegbaren Argumenten, die auf den vedischen Schriften beruhten.

Chanten für Befreiung

Das Chanten von Hare Kṛṣṇa reicht aus, um Befreiung zu erlangen. Darüber besteht kein Zweifel. Aber wenn jemand das Hare-Kṛṣṇa-Mantra durch Philosophie, durch Studieren oder durch *Vedānta* verstehen will, mangelt es nicht an Information. Wir haben viele Bücher. Aber es ist nicht so, dass das Hare-Kṛṣṇa-Mantra nicht ausreicht und wir deshalb Bücher empfehlen. Das Hare-Kṛṣṇa-Mantra genügt. Als Caitanya Mahāprabhu chantete, musste Er sich manchmal mit Gelehrten wie Prakāśānanda Sarasvatī und Sārvabhauma Bhaṭṭācārya auseinandersetzen. Bei solchen Gelegenheiten war Er sofort bereit, mit ihnen auf der Grundlage des *Vedānta* zu debattieren. Wir dürfen also nicht stumm dastehen. Wenn jemand auf der Grundlage von *Vedānta*-Philosophie argumentiert, müssen wir vorbereitet sein. Wenn wir predigen, werden viele Leute mit Fragen kommen. Wir sollten in der Lage sein, ihre Fragen zu beantworten. Ansonsten reicht das Hare-Kṛṣṇa-Mantra aus. Um zu chanten, ist es nicht erforderlich, gebildet oder belesen zu sein. Das Chanten von Hare Kṛṣṇa reicht aus, um die höchste Vollkommenheit zu erreichen. Das ist eine Tatsache.

KAPITEL DREI

Śrīla Prabhupāda bringt das Hare-Kṛṣṇa-Mantra in den Westen

Amerika im kulturellen Umbruch der Sechzigerjahre war ein fruchtbarer Boden für His Divine Grace A. C. Bhaktivedanta Swami Prabhupāda, der mit dem Chanten des Hare-Kṛṣṇa-Mantras in kurzer Zeit die Herzen und Gemüter der New Yorker Hippies und der Blumenkinder in San Francisco eroberte.

1969 reiste er nach London und machte die Bekanntschaft der damaligen Beatles John Lennon und George Harrison, die zwei Jahre später Songs in den Hitparaden hatten, auf denen Hare Kṛṣṇa zu hören war. Auf diese Weise lernten Hunderte Millionen von Menschen das Mantra kennen, und die Internationale Gesellschaft für Kṛṣṇa-Bewusstsein, die Śrīla Prabhupāda 1966 in New York gegründet hatte, erreichte in zehn Jahren alle fünf Kontinente.

Wie konnte ein älterer indischer Swami in einem fremden Land, ohne Geld, ohne Unterstützung, ohne Freunde und ohne Anhänger solch einen unglaublichen Erfolg erzielen? Die folgende Geschichte beinhaltet Augenzeugenberichte und Auszüge aus dem Śrīla Prabhupāda-līlāmṛta, *der Biographie dieses außergewöhnlichen Heiligen, die aus der Feder eines seiner ersten und engsten Schüler stammt: Satsvarūpa dāsa Goswami.*

Die beschwerliche Seereise von Kalkutta nach Amerika war endlich vorüber. Der einzige Passagier an Bord des Frachters *Jaladuta* war ein 69 Jahre alter indischer Heiliger, den die Besitzerin der Scindia Steamship Company umsonst hatte mitfahren lassen. Am 17. September 1965 betrat His Divine Grace A. C. Bhaktivedanta Swami Prabhupāda am Bostoner Commonwealth Pier amerikanischen Boden.

Tausende von Jahren war *kṛṣṇa-bhakti,* Liebe zu Kṛṣṇa, nur in Indien bekannt gewesen, aber jetzt war der Swami auf Anordnung seines spirituellen Meisters nach Amerika gekommen, um dort das in allen Menschen schlummernde natürliche Kṛṣṇa-Bewusstsein zu erwecken.

Nach einem kurzen Aufenthalt in der Innenstadt Bostons schrieb Swami Prabhupāda am nächsten Tag in sein Tagebuch:

> Die Menschen hier glauben, materielle Dinge und Errungenschaften würden sie glücklich und zufrieden machen, und daher finden sie keinen Geschmack an der transzendentalen Botschaft Vāsudevas [Kṛṣṇas]. […] Aber ich weiß, dass durch Deine grundlose Barmherzigkeit alles möglich ist, denn Du bist der größte Mystiker. […] Wie kann ich ihnen nur die Botschaft des Kṛṣṇa-Bewusstseins vermitteln? […] O Herr, ich bitte Dich einfach nur

> um Deine Barmherzigkeit, damit ich sie von Deiner Botschaft überzeugen kann. […] Bitte gib mir Deinen Segen. […] Ich habe weder Hingabe noch irgendwelches Wissen, aber ich habe festes Vertrauen in den heiligen Namen Kṛṣṇas.

Schon 1922 hatte Śrīla Prabhupādas spiritueller Meister, Śrīla Bhaktisiddhānta Sarasvatī Ṭhākura, ihn gebeten, die Lehren Kṛṣṇas und damit auch das Hare-Kṛṣṇa-Mantra in den Westen zu bringen. Jetzt endlich, nachdem er sich ein Leben lang auf diese Mission vorbereitet hatte, fühlte er sich imstande, die Anweisung seines Gurus in die Tat umzusetzen.

Nachdem Śrīla Prabhupāda in den Vereinigten Staaten mit einer Handvoll Rupien im Wert von zehn Dollar gelandet war, verbrachte er die ersten sieben Monate zunächst mit einer Familie in Butler, Pennsylvania, dann bei einem indischen Yoga-Lehrer in Manhattan, und später, mit der Hilfe von Freunden, in einem unmöblierten Büro in der New Yorker Innenstadt.

Im Sommer 1966 fand er schließlich einen Ort, der besser geeignet war, das Hare-Kṛṣṇa-*mahā-mantra* und die uralte Wissenschaft des Kṛṣṇa-Bewusstseins zu verbreiten. Prabhupāda hatte einen jungen Mann namens Harvey Cohen kennengelernt, der ihm einen alten Dachboden auf der Bowery in Lower Manhattan zur Verfügung stellte, einen Ort, der früher Künstlern als Atelier und Unterkunft gedient hatte.

Dort traf sich jeden Montag-, Mittwoch- und Freitagabend eine kleine Gruppe junger Bohemiens, um mit Śrīla Prabhupāda Hare Kṛṣṇa zu chanten und Vorträge aus der *Bhagavad-gītā* zu hören. Obwohl noch nicht als Verein eingetragen oder unter dem heutigen Namen bekannt, war dies die Geburtsstunde der Internationalen Gesellschaft für Kṛṣṇa-Bewusstsein.

Die meisten jungen Leute, die zu Śrīla Prabhupāda kamen, waren an Musik, Drogen, Makrobiotik, Pazifismus und Meditation interessiert; nur die wenigsten wussten, was sie chanteten oder warum sie eigentlich am Chanten teilnahmen. Sie fanden es einfach gut und fühlten sich wohl in der Gegenwart dieses Mannes, den sie liebevoll „Swamiji" nannten. Diese Musiker, Künstler, Dichter und Intellektuellen, von denen die meisten am Rande der Mainstream-Gesellschaft lebten, hatten das Gefühl, durch das Hare-Kṛṣṇa-Chanten Teil von etwas Mystischem und Einzigartigem zu sein.

Śrīla Prabhupāda leitete das Chanten: Hare Kṛṣṇa, Hare Kṛṣṇa, Kṛṣṇa Kṛṣṇa, Hare Hare / Hare Rāma, Hare Rāma, Rāma Rāma, Hare Hare. Die Melodie war immer die gleiche: ein einfaches Motiv, das aus den ersten vier Noten der Dur-Tonleiter bestand. Prabhupāda bestimmte das Tempo des *kīrtanas* mit kleinen Handzimbeln, die er aus Indien mitgebracht hatte. Er spielte sie in einem stetigen Rhythmus: tik-tik-ta, tik-tik-ta, tik-tik-ta. Einige seiner Anhänger klatschten dazu in die Hände, während andere sich mit ihren eigenen Fingerzimbeln dem *kīrtana* anschlossen. Manche saßen auch in Yoga-Stellungen da, die Hände ausgestreckt, während sie mitsangen und über diese neue transzendentale Schwingung meditierten. Gäste brachten die verschiedensten Instrumente mit, darunter Gitarren, Tanpuras, Flöten, Tamburine und eine Vielzahl von Trommeln.

Ein paar Monate später fanden Śrīla Prabhupādas Anhänger schließlich einen besseren Standort, der gleichzeitig zum Wohnen und zur Verbreitung des heiligen Namens geeignet war. Das Ladenlokal auf der

Second Avenue lag ganz in der Nähe der von Hippies bevölkerten Lower East Side, und zum Lokal gehörte ein kleines Appartement im ersten Stock, wo Śrīla Prabhupāda wohnen konnte. Das Ladenlokal im Erdgeschoss sollte als Tempel dienen. Innerhalb weniger Wochen war der 18 × 8 Meter große Raum an drei Abenden in der Woche mit jungen Leuten vollgepackt. Bald verwandelte sich das Ladenlokal in einen Tempel, als Besucher Wandbehänge und Poster, Teppiche für den Boden und Verstärker für Śrīla Prabhupādas Vorlesungen und *kīrtanas* mitbrachten.

Prabhupādas *kīrtanas* waren lebendig und brachten viele der Anwesenden spontan dazu, sich zu erheben, in die Hände zu klatschen und zu tanzen. Er begleitete sich während des Gruppenchantens, das im Ruf-Antwort-Format stattfand, oft auch auf einer kleinen Bongo-Trommel, beschleunigte den Gesang allmählich, bis dieser nach etwa einer halben Stunde seinen Höhepunkt erreichte, und brachte ihn plötzlich zu Ende. Die Gäste, die mit Śrīla Prabhupāda in diesem kleinen Raum auf der Second Avenue chanteten, fühlten sich in eine andere Dimension gehoben, eine spirituelle Dimension, in der die Ängste und Belastungen des täglichen Lebens in New York nicht existierten. Viele merkten bald, dass das Hare-Kṛṣṇa-Chanten eine intensive und effektive Form der Meditation war, ein Mittel der direkten Verbindung mit etwas Größerem als sie selbst, unabhängig davon, welche Vorstellung sie vom Absoluten hatten.

Śrīla Prabhupāda weihte seine ersten Schüler im September ’66 ein. Etwa ein Dutzend junge Leute gaben das Gelübde ab, jeden Tag mindestens 16 Runden des *mahā-mantras* auf ihren Holzperlen zu chanten, eine Meditationsübung, die zwei bis zweieinhalb Stunden in Anspruch nahm.

Bald darauf wurden die ersten Einladungen und Broschüren gedruckt und verteilt, wie zum Beispiel diese:

Chante die transzendentale Klangschwingung
Hare Kṛṣṇa, Hare Kṛṣṇa, Kṛṣṇa Kṛṣṇa, Hare Hare
Hare Rāma, Hare Rāma, Rāma Rāma, Hare Hare
und entstaube so den Spiegel deines Geistes.

Eine andere Einladung forderte die Jugend Amerikas auf:

BLEIB FÜR IMMER HIGH!
Komm nie mehr runter!

Praktiziere Kṛṣṇa-Bewusstsein.
Erweitere dein Bewusstsein durch die

* TRANSZENDENTALE KLANGSCHWINGUNG *

HARE KRISHNA, HARE KRISHNA
KRISHNA KRISHNA, HARE HARE
HARE RAMA, HARE RAMA
RAMA RAMA, HARE HARE

Jeden Morgen chantete Śrīla Prabhupāda mit den Geweihten eine Runde *japa* (Chanten auf einer Gebetskette). Danach chanteten die Geweihten die restlichen Runden für sich.

Der bekannte amerikanische Dichter Allen Ginsberg, der die *kīrtanas* oft auf seinem Harmonium begleitete, kam regelmäßig zu den Abendveranstaltungen im Tempel und zum Chanten im nahegelegenen Tompkins Square Park. In einem 1980 gegebenen Interview, das in Śrīla Prabhupādas Biographie veröffentlicht wurde, erinnerte Allen sich an seine Erfahrungen:

His Divine Grace A. C. Bhaktivedanta Swami Prabhupāda, Gründer-*Ācārya* (spiritueller Meister) der Internationalen Gesellschaft für Krishna-Bewusstsein, diskutiert, mit seiner Hand im Gebetsbeutel, das Kṛṣṇa-Bewusstsein mit seinen Schülern und Gästen.

Kṛṣṇa, die Höchste Persönlichkeit Gottes. In der *Bhagavad-gītā* erklärt Kṛṣṇa Seinem Freund Arjuna: „Wenn man Mir mit Liebe und Hingabe ein Blatt, eine Blume, eine Frucht oder Wasser opfert, werde Ich es annehmen."

Śrī Caitanya Mahāprabhu, hier in Gelb, leitet das öffentliche Chanten des Hare-Kṛṣṇa-*mahā-mantras* und erhebt all diejenigen, die mit Ihm chanten, aus ihrem Alltagsleben in einen Zustand spirituellen Glücks.

7. Juli 1969: In den Abbey Road Studios von Apple Records hören sich George Harrison und die Mitglieder der Gruppe „Radha Krishna Temple“ das Playback ihrer Single „Hare Krishna Mantra“ an, die später ein Hit werden sollte.

George Harrison improvisiert auf seiner Gitarre zum Hare-Kṛṣṇa-Mantra, während Mukunda am Flügel sitzt.

Vor ihrem Treffen mit Śrīla Prabhupāda warten George Harrison, John Lennon und Yoko Ono in ihrem Garten in Tittenhurst Park.

Das Plakat für den Mantra-Rock Dance, San Franciscos größtes spirituelles Happening der Sechzigerjahre, bei dem Śrīla Prabhupāda, Allen Ginsberg und die bedeutendsten Rockbands der Westküste auftraten.

1969: Śrīla Prabhupāda, Patti Boyd, George Harrison und Dhanañjaya Dāsa bei George zu Hause in England.

Śrīla Prabhupāda spricht mit seinen Schülern auf dem Rasen des Bhaktivedanta Manor, dem Tudor-Anwesen in Hertfordshire bei London, das George Harrison der Hare-Kṛṣṇa-Bewegung geschenkt hat.

Das indische Wagenfest „Ratha-yātrā“ wird jedes Jahr weltweit veranstaltet. Auch in sechs deutschen Städten, wie hier in Leipzig, singen und tanzen Kṛṣṇas Geweihte zusammen mit Passanten und Schaulustigen.

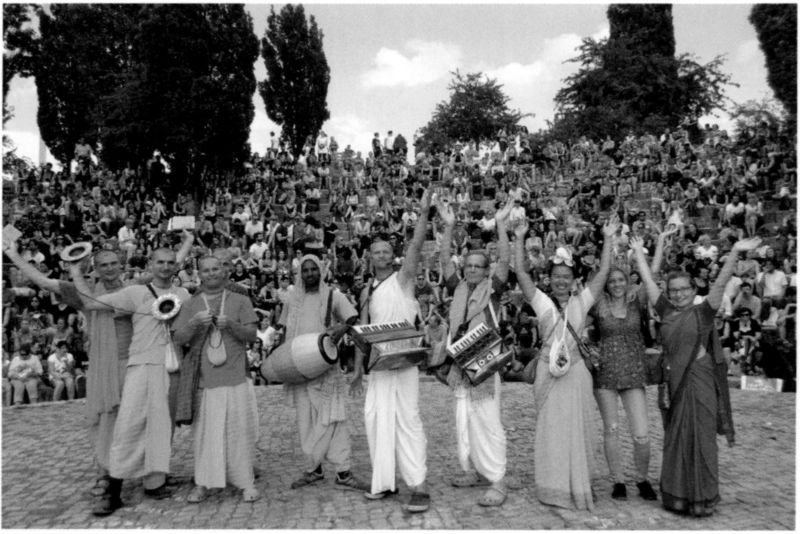

Viele Touristen und Einheimische besuchen sonntags den Berliner Mauerpark. Die Gottgeweihten kommen ebenfalls oft vorbei, um mit den Leuten gemeinsam das Hare-Kṛṣṇa-Mantra zu singen.

> Dass Swami Bhaktivedanta die Lower East Side von New York für seine Mission gewählt hatte, fand ich einfach genial ... Ich war erstaunt, dass er mit dem Chanten, einer typisch indischen Methode, zu uns gekommen war. Ich hatte bei verschiedenen Gelegenheiten Hare Kṛṣṇa gesungen, aber nie genau verstanden, warum es eigentlich ging oder was es bedeutete ... Ich fand es großartig, dass er jetzt hier war und das Hare-Kṛṣṇa-Mantra philosophisch erklärte – was meinem Singen eine gewisse Legitimität verlieh. Ich wusste, was ich tat, aber ich hatte keinen theologischen Hintergrund, um Fragen beantworten zu können, und hier war jemand, der das konnte. Das war meiner Meinung nach einfach großartig ... Wenn jemand die technischen Feinheiten und die geschichtlichen Hintergründe herausfinden wollte, konnte ich ihn zu Swami Bhaktivedanta schicken ... Er hatte eine persönliche, selbstlose Liebenswürdigkeit, so etwas wie uneingeschränkte Hingabe. Und das war es, was mich immer wieder in seinen Bann zog ... eine Art persönlicher Charme, der entsteht, wenn man sich einer Sache mit ganzem Herzen widmet ... Ich war gern mit ihm zusammen.

Das Chanten von Hare Kṛṣṇa schien sich auf fast magische Weise zu verbreiten, und in kurzer Zeit schnellte die Zahl derjenigen, die sich dazu hingezogen fühlten, exponentiell in die Höhe. Selbst in der ungewöhnlichen New Yorker Umgebung schien das Mantra ein Eigenleben zu entwickeln. Ob es die Melodie, der Rhythmus, der Klang der Worte, das Aussehen der Gottgeweihten oder Prabhupādas demütige Gelassenheit war – fast jeder, der mit dem Chanten von Hare Kṛṣṇa in Berührung kam, reagierte positiv.

Im Dezember 1966 erklärte Śrīla Prabhupāda auf seiner ersten Schallplatte, die zwei der Beatles – John Lennon und George Harrison – mit Hare Kṛṣṇa bekannt machte: „Das Chanten von Hare Kṛṣṇa, Hare Kṛṣṇa, Kṛṣṇa Kṛṣṇa, Hare Hare / Hare Rāma, Hare Rāma, Rāma Rāma, Hare Hare ist keine materielle Klangschwingung, sondern kommt direkt aus der spirituellen Welt.“

Prabhupādas *kīrtanas* im Tompkins Square Park waren spirituelle Ereignisse, die heute Legende sind. Hunderte Menschen aus allen Lebensbereichen nahmen am Chanten teil; einige als Beobachter und andere als eifrige Mitsinger, die in die Hände klatschen, tanzten und Musikinstrumente spielten. Irving Halpern, einer von vielen ansässigen Musikern, die regelmäßig am *kīrtana* teilnahmen, erinnerte sich an die Szene:

> Der Park war mit Klang erfüllt. Die Musiker hörten den Mantras aufmerksam zu ... Ich habe mit ein paar von ihnen darüber gesprochen, und wir waren uns einig, dass der Swami Hunderte von Melodien im Kopf haben musste, Melodien, die er von der anderen Seite der Welt mitgebracht hatte. Viele Leute kamen nur, um auf die gleiche Wellenlänge dieses musikalischen Geschenks zu kommen, um sich auf die Übertragung des *dharmas* einzustimmen. „Hey“, sagten sie, „hör mal diesem heiligen Mönch zu.“
>
> Die Leute waren wirklich davon überzeugt, dass ungewöhnliche Dinge geschehen würden, etwas Magisches, Levitationen oder Ähnliches. Aber wenn dir klar wurde, dass das, was der Swami

> sagte, eigentlich ganz simpel war, hat sich dir eine neue Welt eröffnet, unabhängig davon, ob du die Absicht hattest, eine lebenslange Verpflichtung einzugehen und diesen Lebensweg einzuschlagen, oder ob du der Sache einfach nur ihren Stellenwert zuordnen und ihr den gebührenden Respekt erweisen wolltest.
>
> Was ich auch interessant fand, waren die verschiedenen Reaktionen auf den *kīrtana*. Einige dachten, das Chanten sei eine Art Auftakt, während andere es als das Hauptevent betrachteten. Manche mochten die Musik und manchen gefiel einfach nur der poetische Klang der Sanskritworte.

Nach den *kīrtanas* hielt Śrīla Prabhupāda gewöhnlich eine kurze Rede über Kṛṣṇa-Bewusstsein und lud die Leute zum Tempel ein. Er ließ sie wissen, dass dort jeden Sonntagnachmittag ein „Fest der Liebe" stattfand, bei dem Chanten und ein Festessen im Vordergrund standen. Es war ein wöchentliches Ereignis, das bald zur Tradition wurde, die bis heute weiterlebt. Die *New York Times* vom 10. Oktober beschrieb den *kīrtana* im Tompkins Square Park mit der folgenden Überschrift: „Die Anhänger des Swamis chanten im Park, um Ekstase zu erfahren."

> Während sie unter einem Baum in einem Park an der Lower East Side saßen und gelegentlich tanzten, wiederholten gestern Nachmittag 50 Anhänger eines Hindu-Swamis einen aus 16 Wörtern bestehenden Gesang. Zwei Stunden lang chanteten sie zur Begleitung von Zimbeln, Tamburinen, Klanghölzern, Trommeln, Glocken und einem kleinen Harmonium ... Die Wiederholung des Gesangs ist,

wie Swami A. C. Bhaktivedanta sagt, der beste Weg, in diesem Zeitalter der Zerstörung Selbstverwirklichung zu erreichen.

Viele in der Menge von etwa hundert Personen, die um die Chanter herumstanden, wiegten sich im hypnotischen Takt hin und her oder klatschen in die Hände. „Das Chanten führt zu einem Zustand der Ekstase", sagte der Dichter Allen Ginsberg. Für viele Anhänger des Swamis hat die Ekstase, die das Chanten des Mantras Hare Krishna, Hare Krishna, Krishna Krishna, Hare Hare / Hare Rama, Hare Rama, Rama Rama, Hare Hare hervorruft, LSD und andere Drogen ersetzt.

Etwa zur gleichen Zeit erschien in der New Yorker Avantgarde-Zeitung *The East Village* eine Titelgeschichte mit einem ganzseitigen Foto von Śrīla Prabhupāda, das ihn zeigte, wie er unter einem Baum im Park stand und zu einer großen Menschenmenge sprach. Die Schlagzeile lautete „SAVE EARTH NOW!!" [RETTET DIE ERDE JETZT!!] und in großen Buchstaben gleich unter dem Bild war das *mahā-mantra* gedruckt: „HARE KRISHNA HARE KRISHNA KRISHNA KRISHNA HARE HARE HARE RAMA HARE RAMA RAMA RAMA HARE HARE". Der Artikel sprach mit Bewunderung vom Chanten und beschrieb, wie es Śrīla Prabhupāda gelungen war, „das schwierigste Publikum der Welt – Bohemiens, Acidheads, Kiffer und Hippies – davon zu überzeugen, dass er den Weg zu Gott kannte."

„Turn Off, Sing Out, Fall In." Diese neue Spezies eines Heiligen – bei aller Achtung vor Dr. Leary – bietet eine Marke von „Bewusstseinserweiterung" an, die süßer ist als Acid, billiger als Hasch und immun gegen die Bullen.

Der Zeitungsartikel beschrieb, wie ein Besuch des Tempels an der 26 Second Avenue einen lebendigen, sichtbaren, greifbaren Beweis dafür liefere, dass Gott lebt und wohlauf ist. Der Artikel zitierte einen von Śrīla Prabhupādas Schülern:

> „Als ich die Straße hinunterging, fing ich an zu chanten, so wie es der Swami empfohlen hatte: Hare Kṛṣṇa, Hare Kṛṣṇa, Kṛṣṇa Kṛṣṇa, Hare Hare / Hare Rāma, Hare Rāma, Rāma Rāma, Hare Hare. Ich chantete immer wieder, und plötzlich sah alles so schön aus – die Kinder, die alten Männer und Frauen ... selbst die Obdachlosen sahen schön aus ... ganz zu schweigen von den Bäumen und Blumen."

Für ihn war es der Euphorie durch jegliche Art von Drogen überlegen:

> „Das Chanten ist besser als jede durch irgendwelche Drogen herbeigeführte Euphorie. Es gibt kein Runterkommen danach. Ich kann jederzeit chanten, immer und überall. Es begleitet einen überallhin."

Nach San Francisco und weiter

Anfang 1967 verließen mehrere Schüler Śrīla Prabhupādas den Tempel in New York und eröffneten einen Tempel im Herzen von San Franciscos Haight-Ashbury-Viertel, das für Tausende von Hippies und „Blumenkindern" aus dem ganzen Land eine neue Heimat geworden war. Innerhalb kurzer Zeit war Śrīla Prabhupādas Tempel für viele aufgewühlte, suchende und teilweise verzweifelte jungen Menschen ein spiritueller Zufluchtsort geworden.

Überdosen waren an der Tagesordnung. Verwirrte, betäubte und desillusionierte junge Amerikaner zogen zu Hunderten durch die Straßen.

Haridāsa, der erste Präsident des Tempels in San Francisco, erinnert sich an jene Zeit:

> Die Hippies benötigten alle Hilfe, die sie bekommen konnten. Und sie wussten es. Für viele war der Rādhā-Kṛṣṇa-Tempel eine Art spirituelle Oase. Die Kids spürten das. Sie liefen ziellos herum, lebten auf der Straße, wussten nicht wohin, hatten keinen Ort, wo sie sich ausruhen konnten, wo sie vor Übergriffen in Sicherheit waren.
>
> Ich bin fest davon überzeugt, dass wir vielen das Leben gerettet haben; es hätte bestimmt mehr Opfer gegeben, wenn Hare Kṛṣṇa nicht dagewesen wäre. Es war, als ob man einen Tempel auf einem Schlachtfeld eröffnet hätte. Es war der schwierigste Ort, den man sich vorstellen kann, aber es war der Ort, wo Hilfe am nötigsten war. Obwohl der Swami mit solchen Extremfällen keine Erfahrung hatte, wirkte das von ihm verordnete Chanten Wunder. Das Chanten war fabelhaft. Es tat seine Wirkung.

Michael Bowen, einer der Künstler und führenden Persönlichkeiten der Haight-Ashbury-Szene, erinnerte sich, dass „Śrīla Prabhupāda die erstaunliche Fähigkeit hatte, die Menschen weg von den Drogen zu bekommen, vor allem Speed, Heroin, ausgebrannte LSD-Fälle – all das".

Jeden Tag kochten die Gottgeweihten im Tempel für über 200 junge Leute und servierten gratis ein üppiges vegetarisches Mittagessen, dass sie Kṛṣṇa geopfert hatten. Viele Ladenbesitzer aus der Umgebung halfen, indem sie für die gute Sache spendeten. Harṣarāṇī, eine der ersten weiblichen Geweihten in San Francisco, erinnert sich an jene Tage:

> Jugendliche, die einfach verloren waren oder Zuspruch brauchten, kamen hereingeweht oder stolperten vielmehr in den Tempel. Einige von ihnen blieben und wurden Gottgeweihte, andere nahmen nur *prasādam* [spirituelle Nahrung] zu sich und verschwanden wieder. Aus medizinischer Sicht wussten die Ärzte nicht, was sie mit jemandem auf LSD machen sollten. Die Polizei und die Krankenhäuser in der Umgebung waren völlig überlastet. Die Polizei betrachtete Swamiji als eine Art Geschenk Gottes.

Während des Mittagessens spielten die Gottgeweihten die New Yorker Schallplatte, auf der Śrīla Prabhupāda Hare Kṛṣṇa chantete. Der heilige Klang verstärkte die spirituelle Stimmung im Tempel und trug dazu bei, die Spannungen und Frustrationen der jungen Gäste abzubauen.

Sonntag, der 29. Januar 1967, war der Tage des größten spirituellen Ereignisses der Hippie-Ära San Franciscos, und Śrīla Prabhupāda, der bereit war, überall hinzugehen, um Kṛṣṇa-Bewusstsein zu verbreiten, war dabei. Die Grateful Dead, Moby Grape, Janis Joplin und Big Brother and the Holding Company, Jefferson Airplane, Quicksilver Messenger Service – alle New-Wave-Bands San Franciscos – hatten zugesagt, mit Śrīla Prabhupāda im Avalon Ballroom Mantra-Rock Dance zu erscheinen. Der Erlös sollte an den Hare-Kṛṣṇa-Tempel gehen.

Tausende von Hippies, die einen ereignisreichen Abend erwarteten, füllten den Saal. LSD-Pionier Timothy Leary bezahlte pflichtbewusst die Eintrittsgebühr von 2,50 Dollar und betrat den Ballsaal, gefolgt von Augustus Owsley Stanley III, der für seine eigene LSD-Marke bekannt war.

Gegen 22:00 Uhr kamen Śrīla Prabhupāda und ein kleines Gefolge von Geweihten in den Avalon Ballroom. Eine Menschenmenge, die wochenlang mit großer Vorfreude auf diesen Augenblick gewartet hatte, jubelte ihnen unter tosendem Beifall zu. Die Veranstalter boten Śrīla Prabhupāda einen Ehrenplatz auf der Bühne an, woraufhin Allen Ginsberg ihn kurz vorstellte und dann über seine persönliche Erfahrung mit dem Hare-Kṛṣṇa-*mahā-mantra* sprach. Er beschrieb, wie das Mantra aus dem kleinen Ladenlokal in New York nach San Francisco gekommen war. Der bekannte Literat versicherte seinen Zuhörern, dass das Chanten von Hare Kṛṣṇa in den frühen Morgenstunden im Rādhā-Kṛṣṇa-Tempel ein wichtiger Dienst an der Gemeinschaft sei, da es jenen, die „von LSD herunterkamen", helfe, ihr Bewusstsein beim Wiedereintritt zu stabilisieren.

Das Chanten begann langsam aber rhythmisch. Nach und nach breitete es sich im ganzen Saal aus und umhüllte schließlich jeden der Anwesenden. Viele Hippies standen auf, fassten sich bei den Händen und begannen zu tanzen, während riesige, pulsierende Bilder von Kṛṣṇa synchron mit dem Takt des Mantras auf die Wände des Saales projiziert wurden. Als Śrīla Prabhupāda aufstand und mit erhobenen Armen zu tanzen begann, waren alle im Saal wie in Trance ins Chanten und Tanzen vertieft. Viele spielen auch auf ihren Musikinstrumenten, die sie für die Gelegenheit mitgebracht hatten.

Allen Ginsberg erinnerte sich später: „Wir chanteten den ganzen Abend Hare Kṛṣṇa. Es war einfach großartig – etwas Offenes. Es war der Höhepunkt des spirituellen Erwachens in Haight-Ashbury."

Als das Tempo schneller wurde, wurden auch das Chanten und Tanzen immer energischer, angespornt von einer Gruppe erstklassiger Rockmusiker, die von der Magie des *mahā-mantras* ebenso verzaubert waren wie vor nur ein paar Wochen die Amateurmusiker im Tompkins Square Park. Das Chanten wurde immer lauter und schien grenzenlos anzuschwellen. Als das Crescendo seinen Höhepunkt erreichte, brachte Śrīla Prabhupāda das Chanten zu einem abrupten Ende, sprach Gebete zu seinem spirituellen Meister ins Mikrofon und endete mit dreimaligem „Gepriesen seien die versammelten Gottgeweihten!" Noch Wochen danach redeten die Nachbarn in Haight-Ashbury über den Mantra-Rock Dance.

Wenige Monate später begannen Gottgeweihte in San Francisco, New York und Montreal mit ihren *mṛdaṅgas* (Tontrommeln) und *karatālas* (Handzimbeln) auf die Straße zu gehen und Tag für Tag das *mahā-mantra* in der Öffentlichkeit zu chanten. In den folgenden Jahren wurden in vielen Städten Nordamerikas und Europas Tempel eröffnet. Überall war das Chanten von Hare Kṛṣṇa zu hören.

Am 31. Mai 1969, als die Protestbewegung gegen den Vietnamkrieg ihren Höhepunkt erreichte, waren sechs Gottgeweihte bei John Lennon und Yoko Ono in einem Hotelzimmer in Montreal zu Gast, um auf deren berühmter Aufnahme „Give Peace a Chance" mitzusingen. Dieses

Lied, in dem das Mantra zu hören war, und die Hit-Single „The Hare Krishna Mantra", die der Beatle George Harrison im Sommer des gleichen Jahres mit den Londoner Gottgeweihten aufnahm, machte Millionen Menschen mit dem Chanten bekannt. Sogar das Broadway-Musical *Hair* hatte in seinem Repertoire euphorische Chöre, die das Hare-Kṛṣṇa-Mantra sangen.

Bei der inzwischen historischen Massenkundgebung gegen den Vietnamkrieg in Washington am 15. November 1969 chanteten Geweihte aus den Vereinigten Staaten und Kanada den ganzen Tag lang das Hare-Kṛṣṇa-Mantra und verteilten ein kleines Faltblatt mit dem Titel „Die Friedensformel", das auf Śrīla Prabhupādas Lehren aus den vedischen Schriften beruhte. „Die Friedensformel", die eine spirituelle Lösung für das Kriegsproblem vorschlug, wurde monatelang massenhaft verteilt und beeinflusste das Leben Tausender.

Als 1970 George Harrisons „My Sweet Lord", in dem wiederholt das Chanten von Hare Kṛṣṇa und Hare Rāma zu hören war, die internationalen Hitparaden stürmte, waren Gottgeweihte in *dhotīs* und Saris, die das *mahāmantra* mit der Begleitung von Musikinstrumenten sangen, ein vertrauter Anblick in den meisten Großstädten der Welt. Es war nur Śrīla Prabhupādas tiefer Liebe zu Kṛṣṇa und seinem spirituellen Meister, seiner bewundernswerten Entschlossenheit und seinem aufrichtigen Mitgefühl zu verdanken, dass „Hare Kṛṣṇa" in so kurzer Zeit in aller Munde war.

KAPITEL VIER

Chanten für ein höheres Bewusstsein: die Geschichte einer Kultur

Es ist eine Szene, die sich auf den Straßen vieler Großstädte des Westens unzählige Male wiederholt hat – vom Hollywood Boulevard in Los Angeles bis zur Fifth Avenue in New York, von der Oxford Street in London bis zum Ku'damm in Berlin: Mitten im Verkehr, umgeben von Geschäften, Restaurants und Kinos, sehen sich die Passanten plötzlich einer Gruppe von jungen Leuten gegenüber, die zum Rhythmus von Trommeln und Handzimbeln singend und tanzend durch die Fußgängerzone ziehen. Die Männer sind in wehende Gewänder gekleidet und haben kahlgeschorene Köpfe; die Frauen tragen farbenfrohe indische Saris. Ja, wir reden von den Hare Kṛṣṇas, die ihr mittlerweile allbekanntes Mantra singen: Hare Kṛṣṇa, Hare Kṛṣṇa, Kṛṣṇa Kṛṣṇa, Hare Hare / Hare Rāma, Hare

Rāma, Rāma Rāma, Hare Hare. Aber was geht hier eigentlich vor sich? Ist es eine Art Protestmarsch, ein Avantgarde-Straßentheater, eine religiöse Kundgebung oder worum geht es hier?

Fragt man einen dieser Leute erfährt man, dass es sich um eine Meditationsform handelt, die schon seit Langem im Westen verbreitet ist und praktiziert wird: das Chanten der heiligen Namen Gottes (Kṛṣṇa ist der Sanskrit-Name für den Höchsten Herrn). Nun gut, „Meditation" ist ein Wort, das heutzutage viele in den Mund nehmen, und gemeint ist damit oft jede beliebige Methode, mit der man den gestressten modernen Geist beruhigen oder ganz abschalten kann. Die seit Jahrtausenden überlieferte Meditationsform der Hare-Kṛṣṇa-Geweihten dagegen hat eine tiefere und erhabenere Bedeutung und Zielsetzung. Obwohl das Chanten der heiligen Namen Gottes den turbulenten Geist mit Leichtigkeit zur Ruhe bringen kann, erweckt es auch das ursprüngliche, glückselige spirituelle Bewusstsein des Menschen, seine eigentliche Natur, wodurch ein echtes Freudengefühl entsteht, das durch andere Methoden nicht erfahrbar ist.

In den Veden, das heißt jenen Schriften, die das zeitlose spirituelle Wissen des alten Indiens beinhalten, lesen wir, dass solch eine Erweckungsmethode dringend erforderlich ist, da sich jedes Lebewesen, auch der Mensch, in der materiellen Welt in einem schlafähnlichen, traumgleichen Zustand befindet. Wir haben unsere ursprüngliche, spirituelle Identität vergessen und sehen unser wahres Selbst stattdessen als einen aus physikalischen Elementen bestehenden, vergänglichen materiellen Körper.

Die Veden vergleichen den materiellen Körper mit den feinstofflichen Formen, die wir in Träumen erleben. Während wir schlafen, vergessen wir unsere normale

Wachidentität und finden uns oft in verschiedenen Körpern wieder, in denen wir genießen oder leiden. Sobald wir aber das Klingeln des Weckers hören, wachen wir auf und kehren zu unserem normalen Bewusstseinszustand zurück. Wir erinnern uns, wer wir sind und was wir zu tun haben. Ähnlich verhält es sich mit dem mächtigen transzendentalen Klang des Hare-Kṛṣṇa-Mantras. Wenn wir diesen Klang hören, wachen wir allmählich auf und erkennen unser ursprüngliches Selbst, die Seele, deren Eigenschaften Ewigkeit, Wissen und Glückseligkeit sind.

Die Weisen des alten Indiens erinnern uns deshalb daran, dass das Ziel des menschlichen Lebens nicht darin besteht, unsere vergängliche traumgleiche Situation in der materiellen Welt zu genießen. Vielmehr raten sie uns, unsere ursprüngliche spirituelle Natur zu erwecken und schließlich nach Hause, in die spirituelle Welt, zu gehen, wo wir eine ewige Beziehung zur Höchsten Persönlichkeit Gottes Kṛṣṇa genießen können.

Diese Suche nach dem wahren Selbst mithilfe einer Meditationsmethode ist nicht erst vor Kurzem entdeckt worden. Es ist den rationalen philosophischen und spirituellen Traditionen des Westens auch keineswegs fremd. Obwohl die westliche Zivilisation ihre Energien größtenteils nach außen gerichtet hat, um die Ressourcen der Natur zu erschließen und zu nutzen, hat es zu allen Zeiten nach innen gerichtete Philosophen, Heilige und Mystiker gegeben, die ein höheres Ziel verfolgten als nur materiellen Wohlstand, der in allen Fällen vergänglich ist.

Auf der Suche nach dem Selbst

Die griechischen Philosophen Sokrates und Platon hatten vom ursprünglichen Wesen des Menschen eine ähnliche

Vorstellung wie die vedischen Weisen. Diese vergängliche Welt, so lautet ihre Lehre, ist nicht unsere wahre Heimat. Ursprünglich existierten wir in der spirituellen Welt. In Platons berühmten Dialogen sagt Sokrates über unseren ursprünglichen Zustand: „... noch unversehrt damals von Übeln, die uns in der künftigen Zeit erwarteten, vorbereitet und geweiht für makellose, klare, beharrende und selige Gesichte in reinem Lichte, wir selber rein und nicht behaftet mit dem, was wir jetzt Körper nennen, den wir festgeheftet mit uns herumtragen wie die Purpurschnecke ihr Haus."[1] Für diese frühen Athener Denker bestand der Zweck der Philosophie darin, die wahre Person, die jetzt in der Hülle des physischen Körpers verborgen ist, zu erwecken, um ihrer ursprünglichen, spirituellen Identität gewahr zu werden.

400 Jahre später lehrte Jesus die gleiche Botschaft in Galiläa. Im Johannes-Evangelium sagt er: „Der Geist ist es, der lebendig macht; das Fleisch nützt nichts."[2] Mit anderen Worten, der Körper ist nur eine äußere Hülle für die Seele, welche die eigentliche lebensspendende Kraft ist. Folglich warnte Jesus: „Was nützt es einem Menschen, wenn er die ganze Welt gewinnt, dabei aber sein Leben einbüßt?"[3] Das höchste Ziel des Lebens, so lehrte er, bestehe darin, unsere innere, spirituelle Natur zu verstehen und zu erleben. Im Lukas-Evangelium gibt Jesus der Menschheit die Anweisung, für ein wahres spirituelles Leben nach innen zu schauen: „Man kann auch nicht sagen: Seht, hier ist es!, oder: Dort ist es! Denn: Das Reich Gottes ist (schon) mitten unter euch."[4]

Sankt Augustinus, einer der großen Heiligen und bedeutenden Philosophen der römisch-katholischen Kirche, spricht in seiner Schrift *Confessiones* [dt. Bekenntnisse] von seiner inneren Suche nach Gott mithilfe der Meditation. Er beschreibt dort seinen Geist [„vernünftige Denkkraft“]: „[Sie] lenkte ihre Gedanken ab von der Gewohnheit, entzog sich dem Schwarm widerspruchsvoller Trugbilder.“[5]

Während des Mittelalters war in Europa das Interesse an Meditation weit verbreitet. Viele Heilige und Philosophen schrieben über ihre innere Suche nach der göttlichen Wirklichkeit. Thomas von Kempen warnt uns in seinem Klassiker *Nachfolge Christi* vor dem materiellen Leben und fasst den Zweck und das Ziel der Meditation wie folgt zusammen: „Was siehst du hier so viel umher? Es ist hier kein Land der Ruhe für dich. In himmlischen Dingen sollst du deine Ruhestätte haben und alle die irdischen Dinge nur so wie im Vorbeigehen anschauen. Denn sie vergehen alle / und du mit ihnen. Lass das Vergängliche dich nicht in sein Netz ziehen / sonst möchtest du davon gefangenwerden / daran hängen bleiben und darin zugrunde gehen. Dein Gedanke sei bei dem Allerhöchsten [...].“[6]

Wenn man diese tiefe spirituelle Sicht entwickelt, verändert sich das gesamte Weltbild, wie im Fall des Franz von Assisi, der sein Leben dem Gebet und der Meditation widmete. In seinem Werk *Leben und Wunder des heiligen Franziskus von Assisi* schreibt Thomas von Celano: „Er erkannte im Schönen den Schönsten selbst; alles Gute rief ihm zu: ‚Der uns erschaffen, ist der Beste!‘ Auf den Spuren, die den Dingen eingeprägt sind, folgte er überall dem Geliebten nach und machte alles zu einer Leiter, um auf ihr zu seinem Thron zu gelangen.“[7] Mit anderen Worten, wenn wir unser ursprüngliches, spirituelles Bewusstsein wiederbeleben, sehen wir Gott überall und in allem. Wir betreten eine einzigartige Welt, eine Welt spiritueller Erkenntnis und spiritueller Freude, die weit über dem liegt, was die meisten von uns als Wirklichkeit wahrnehmen – eine spirituelle Realität, die jenseits unserer gewöhnlichen Wahrnehmungsfähigkeiten liegt. William James, der amerikanische Philosoph, dessen Spezialgebiet die Religionspsychologie war, schrieb über diesen Punkt: „Eine Schlussfolgerung, die sich mir damals aufdrängte, ist bis heute nicht erschüttert worden. Es ist der Eindruck, dass unser normales Wachbewusstsein, das rationale Bewusstsein, wie wir es nennen, nur ein besonderer Typ von Bewusstsein ist, während um ihn herum, von ihm durch den dünnsten Schirm getrennt, mögliche Bewusstseinsformen liegen, die ganz andersartig sind. Wir können durchs Leben gehen, ohne etwas von ihrer Existenz zu ahnen; aber man setze sie nur einem entsprechenden Reiz aus, und schlagartig sind sie in ihrer ganzen Vollständigkeit da: genau umrissene Geistesarten, für die es wahrscheinlich irgendwo auch Anwendungs- und Erprobungsbereiche gibt."[8]

Aber was ist der „entsprechende Reiz", der das in jedermanns Herzen schlummernde Bewusstsein vom Selbst und von Gott zum Erwachen bringt? Alle wahren spirituellen Experten sind sich einig, dass solche transzendentalen Erfahrungen nicht durch materielle Stimuli herbeigeführt werden können, auch nicht durch die Einnahme von „bewusstseinserweiternden" oder „bewusstseinsverändernden" Drogen. Als einer von Timothy Learys Anhängern Śrīla Prabhupāda fragte, welchen Stellenwert LSD im spirituellen Leben habe, sagte Śrīla Prabhupāda, dass Drogen für spirituelles Leben nicht notwendig seien, da sie kein spirituelles Bewusstsein erzeugen können, und dass alle durch Drogen herbeigeführten „religiösen Visionen" nichts weiter als Halluzinationen seien. Gotteserkenntnis sei nicht so einfach oder billig, dass man durch Tabletten oder Joints dorthin gelangen könne.[9]

Klang und Selbsterkenntnis

Die vedischen Schriften empfehlen das Hören und Chanten von transzendentalen Klängen, genauer gesagt Mantras, insbesondere des Hare-Kṛṣṇa-Mantras, als die beste Methode, spirituelles Bewusstsein zu erwecken. Der Einfluss von Klang, um Veränderungen im Bewusstsein zu bewirken, ist seit Langem bekannt. Der englische Philosoph und Staatsmann Sir Francis Bacon stellte fest, dass „Hören den Geist direkter beeinflusst als die anderen Sinne."[10]

Gewöhnliche *materielle* Klänge können spirituelles Bewusstsein nicht erwecken. Nur spirituelle Schallschwingungen haben diese Eigenschaft. Folglich empfiehlt fast jede Religion, über das Wort Gottes zu meditieren. Johannes sagt in seinem Evangelium: „Im Anfang war das Wort, und das Wort war bei Gott, und das Wort war Gott."[11] Göttlicher Klang hat daher eine ganz andere Qualität als weltlicher, materieller Klang. Diese Tatsache erklärte Sankt Augustinus in seinen *Confessiones*. Als er einmal aus einer mystischen Trance ins Wachbewusstsein zurückkehrte, sagte er: „[Wir] kehrten wieder zur Erde zurück, zu Worten, die Anfang und Ende haben. Was aber gleicht deinem Worte, das uns gebietet und ohne zu altern in sich bleibt und alles erneut?"[12] Und im Johannes-Evangelium wird Jesus wie folgt zitiert: „Die Worte, die ich zu euch gesprochen habe, sind Geist und sind Leben."[13]

Den Worten oder genauer gesagt Lehren Gottes wohnt eine unvorstellbare Kraft inne, die unser Leben verändern und auf eine höhere Stufe heben kann. Die persönlichen Namen Gottes haben eine ähnliche Wirkungskraft, wenn man sie laut in Liedern lobpreist oder in der Stille über sie meditiert. Gott ist absolut und spirituell, wie wir aus den vedischen Schriften erfahren. Folglich wohnen Seinen heiligen Namen alle spirituellen Kräfte inne. Gott und Sein Name sind identisch. In der vedischen Schrift *Padma Purāṇa* heißt es: „Es gibt keinen Unterschied zwischen dem heiligen Namen des Herrn und dem Herrn. Hieraus folgt, dass der heilige Name so vollkommen ist wie der Herr selbst." Der Stoiker und Philosoph Maximus stellte fest: „Wer könnte denn auch so toll und verblendet sein, in Abrede zu stellen, dass es einen höchsten Gott gibt, ohne Anfang, ohne Erzeugung, der in der Tat der große und mächtige Vater des Alls ist? Seine Kräfte, die durch das ganze Weltall verstreut sind, sind es, die wir unter vielen Namen anrufen, da wir ja alle seinen eigentlichen Namen nicht kennen."[14] Der jüdische Theologe Martin Buber stimmte zu: „Alle Namen Gottes sind heilig."[15]

In der Bibel finden wir viele ähnliche Aussagen, so zum Beispiel im Alten Testament, wo es heißt: „Ein fester Turm ist der Name des Herrn, dorthin eilt der Gerechte und ist geborgen."[16] In den Psalmen verkündet König David: „Ich will den Namen Gottes rühmen im Lied, in meinem Danklied ihn preisen."[17] Tatsächlich enthalten die Psalmen viele Verweise auf den Namen Gottes: „Alle Völker kommen und beten dich an, sie geben, Herr, deinem Namen die Ehre.[18] [...]Dankt dem Herrn! Ruft seinen Namen an! Macht unter den Völkern seine Taten bekannt! Singt ihm und spielt ihm, sinnt nach über all seine Wunder! Rühmt euch seines heiligen Namens![19] [...]Lobt ihn mit Pauken und Tanz, lobt ihn mit Flöten und Saitenspiel! Lobt ihn mit hellen Zimbeln, lobt ihn mit klingenden Zimbeln!"[20] Der Prophet Jesaja beschrieb Gott als „der Hohe und Erhabene, der ewig Thronende, dessen Name ‚Der Heilige' ist".[21]

Jahrhunderte später gründete der jüdische Mystiker Israel Baal Schem Tov (1699–1761) den Chassidismus, eine populäre pietistische Bewegung innerhalb des Judentums, deren Mitglieder den Höchsten Herrn durch Tanz und Gesang lobpreisen. Als Jesus seine Jünger das Beten lehrte, lobte er den heiligen Namen des Herrn mit den Worten: „Vater unser, der du bist im Himmel, geheiligt werde dein Name." Paulus schrieb in seinem Brief an die Römer: „Denn jeder, der den Namen des Herrn anruft, wird gerettet werden."[22]

Der Historiker Eusebius beschreibt den Zustand der frühen christlichen Kirche wie folgt: „Eine Kraft göttlichen Geistes durchdrang alle Glieder, alle waren eines Herzens und eines Glaubens und alle sangen gemeinsam Gottes Lob."[23] Die gregorianischen Gesänge, die Papst Gregor der Große im 6. Jahrhundert dem Volk näherbrachte, und später Werke wie Händels *Messias* mit seinen gewaltigen Chören, die „Halleluja" („Gelobt sei der Herr") sangen, werden immer noch überall auf der Welt aufgeführt und geschätzt.

Neben der Lobpreisung des Namens und der Herrlichkeit des Herrn in Liedern entwickelte sich in den christlichen Kirchen auch die Praktik, bei Gebeten auf dem Rosenkranz über Gott zu meditieren, eine Tradition, die noch heute Millionen Katholiken weltweit pflegen. Johannes Chrysostomos, ein Heiliger, der sowohl im östlichen als auch im westlichen Christentum als richtungsweisender Prediger verehrt wird, empfahl: „Verweile unaufhörlich im Namen des Herrn Jesus, und der Herr wird dein Herz verzehren und das Herz den Herrn; und die zwei werden eins sein."[24]

Die Wiederholung des Jesusgebetes („Herr Jesus Christus, Sohn Gottes, erbarme dich meiner") wurde unter den Mitgliedern der Ostkirche zu einer regelmäßigen Praktik. In *Aufrichtige Erzählungen eines russischen Pilgers* beschreibt ein russischer Mönch diese Meditationsform wie folgt: „Das unablässige innere Jesusgebet ist das ununterbrochene, unaufhörliche Anrufen des göttlichen Namens Jesu Christi mit den Lippen, mit dem Geist und mit dem Herzen [...] Wenn sich nun einer an diese Anrufung gewöhnt, so wird er einen großen Trost erfahren und das Bedürfnis haben, immer dieses Gebet zu verrichten, derart, dass er ohne dieses Gebet gar nicht mehr leben kann, und es wird sich ganz von selber aus ihm lösen."[25]

Auch unter den Anhängern des Islams gelten die Namen Gottes als heilig und sind Gegenstand der Meditation. Traditionsgemäß gibt es 99 Namen Allahs, die sogenannten „Schönen Namen". Inschriften dieser Namen findet man in Baudenkmälern wie dem Taj Mahal und an den Wänden von Moscheen. Gläubige chanten diese Namen auf islamischen Gebetsketten, die aus drei Strängen mit jeweils 33 Perlen bestehen. Sie wiederholen die Namen, um ihren Geist auf Allah zu richten. Die Anrufung „Bismillah al-Rahman al-Rahim" („Im Namen Allahs, des Allerbarmers, des Barmherzigen") findet man im Koran am Anfang jedes Kapitels. Andere arabische Namen Gottes verherrlichen Ihn als Schöpfer, Erhalter und König.

Auch die Sikhs geben dem Namen Gottes einen besonderen Rang. Sie rufen Gott mit „Nama" („der Name") an. Guru Nanak, der Begründer der Sikh-Religion, betete:

„In den ambrosischen Morgenstunden meditiere ich über die Gnade des wahren Namens." Er sagte auch, Gott sei ihm erschienen und habe ihm den Auftrag gegeben, Seinen Namen zu wiederholen und andere dahin zu führen, das Gleiche zu tun.[26]

Geoffrey Parrinder, Professor für vergleichende Religionswissenschaft an der Universität London, schreibt in seinem Buch *Worship in the World's* Religions: „Rosenkranzähnliche Gebetsketten sind im Buddhismus weit verbreitet; Mönche benutzen große Ketten, Laien kleinere. Die großen haben 108 Perlen, wobei die beiden Hälften die 54 Stufen auf dem Weg zum Bodhisattva (dem Erleuchteten) repräsentieren. Die große Perle in der Mitte steht für Buddha."

Anhänger der „Lehre des Reinen Landes", des in Japan am weitesten verbreiteten Zweiges des Buddhismus, wiederholen immer wieder den Namen Buddhas *(namu amida butsu)*. Der Stifter der Jōdo-Shinshū-Schule, Shinran Shōnin, sagt: „Die Tugend des heiligen Namens, das leuchtende Geschenk Gottes, überflutet die ganze Welt."[27] Die buddhistischen Lehren besagen, dass der Gläubige durch das Chanten von Buddhas Namen aus dem Kreislauf von Geburt und Tod befreit werde und zum Buddha im reinen Land, der spirituellen Welt, gelange.

Kṛṣṇa: der allumfassende Name Gottes

Obwohl Gott auf der ganzen Welt unter vielen verschiedenen Namen bekannt ist, von denen jeder einen besonderen Aspekt Seiner Herrlichkeit und allanziehenden Eigenschaften beschreibt, gibt es einen Namen, der Gottes unendliche Eigenschaften und Merkmale in ihrer

Gesamtheit zum Ausdruck bringt. Diesen höchsten, allumfassenden und mächtigsten Namen Gottes findet man in den ältesten religiösen Schriften der Welt, den indischen Veden, die besagen, dass der Hauptname Gottes „Kṛṣṇa" ist.

Śrīla Prabhupāda, der Begründer und spirituelle Meister der Internationalen Gesellschaft für Kṛṣṇa-Bewusstsein, erklärt hierzu: „Wenn wir von Kṛṣṇa sprechen, beziehen wir uns auf Gott. Es gibt auf der ganzen Welt, ja im ganzen Universum, viele Namen für Gott, aber nach vedischem Wissen ist „Kṛṣṇa" der höchste Name.[28] Gott hat viele Namen, die Seine Taten beschreiben, aber weil Er so viele glorreichen Eigenschaften besitzt, und weil Er mit diesen Eigenschaften auf jeden anziehend wirkt, nennt man Ihn Kṛṣṇa, den Allanziehenden." [29]

In vielen vedischen Schriften findet man eine Beschreibung der spirituellen Eigenschaften von Kṛṣṇas heiligem Namen. Im *Padma Purāṇa* heißt es: „Der heilige Name Kṛṣṇas ist transzendental und glückselig. Er schenkt alle spirituellen Segnungen, denn er ist Kṛṣṇa in Person, die Quelle aller Freude. [...] Unter keinen Umständen ist es ein materieller Name, und Kṛṣṇas Name ist nicht weniger mächtig als Kṛṣṇa selbst. Da Kṛṣṇas Name durch die Eigenschaften der materiellen Natur nicht verunreinigt wird, kann keine Rede davon sein, dass er etwas mit Illusion zu tun hat. Kṛṣṇas Name ist immer frei und spirituell; er ist nie durch die Gesetze der materiellen Natur gebunden. Dies ist so, weil der Name Kṛṣṇa und die Person Kṛṣṇa identisch sind."

Seit jeher haben Millionen Gläubige und Heilige den Namen Kṛṣṇas gechantet, um spirituelle Vollkommenheit zu erreichen, aber es war Śrī Caitanya Mahāprabhu, ein *avatāra* Kṛṣṇas, der vor etwa 500 Jahren in Bengalen erschien und das Chanten des Hare-Kṛṣṇa-Mantras als die universelle spirituelle Methode für die heutige Zeit einführte.

Der vedischen Kosmologie zufolge bewegt sich die materielle Schöpfung für ewig durch aus vier Zeitaltern bestehende Zyklen. Jeder Zyklus beginnt mit einem goldenen Zeitalter, dem Satya-yuga, doch in den darauffolgenden Zeitaltern verschlechtern sich die Bedingungen zunehmend, bis der Zyklus schließlich im Kali-yuga endet, einem Zeitalter, das von Streit und Heuchelei geprägt ist. Für jedes der vier Zeitalter empfehlen die Veden eine universelle Methode der Selbsterkenntnis, die für die jeweilige Zeit besonders geeignet ist.

Im Satya-yuga, zum Beispiel, ist der empfohlene Weg mystischer Yoga, der eine lebenslange, ununterbrochene Ausübung erfordert, bei der man das strenge Gelübde ablegt, Buße zu tun und in Askese zu leben. Wir befinden uns derzeit noch fast am Anfang des letzten Zeitalters, des Kali-yuga. In diesem Zeitalter haben die Menschen nicht mehr die erforderliche Ausdauer, Willenskraft oder Lebenszeit, um das in den Veden beschriebene ursprüngliche Yoga-System erfolgreich zu praktizieren. Die vedischen Schriften raten daher: „Für den spirituellen Fortschritt im Zeitalter des Kali gibt es keinen anderen Weg, keinen anderen Weg, keinen anderen Weg als das Chanten des heiligen Namens, des heiligen Namens, des heiligen Namens des Herrn.“[30]

Es ist vor allem die *Kali-santaraṇa Upaniṣad,* die das Chanten des Hare Kṛṣṇa-Mantras empfiehlt: „Hare Kṛṣṇa, Hare Kṛṣṇa, Kṛṣṇa Kṛṣṇa, Hare Hare / Hare Rāma, Hare Rāma, Rāma Rāma, Hare Hare – diese aus 32 Silben bestehenden 16 Namen sind das einzige Mittel, um dem üblen Einfluss des Kali-yuga entgegenzuwirken. In allen

Veden heißt es unmissverständlich, dass es keine andere Möglichkeit als den heiligen Namen gibt, um den Ozean der Unwissenheit zu überqueren.

Von den Biographen Śrī Caitanyas wissen wir, dass Er viele Jahre damit verbrachte, durch ganz Indien zu reisen, um das Chanten der heiligen Namen Kṛṣṇas zu verbreiten. Er sang das Hare-Kṛṣṇa-Mantra zusammen mit anderen Geweihten *(kīrtana)* zur Begleitung von Tontrommeln und Handzimbeln. Er chantete auch jeden Tag eine bestimmte Anzahl von Mantras mit leiser Stimme als persönliche Meditation *(japa)*. Śrī Caitanya schrieb in Seinem berühmten Gebet, dem *Śikṣāṣṭaka*, über den heiligen Namen Kṛṣṇas: „Aller Sieg sei dem Chanten von Kṛṣṇas heiligem Namen, das den Spiegel des Herzens reinigen und den lodernden Waldbrand des materiellen Daseins löschen kann. Dieses Chanten ist der zunehmende Mond, der den weißen Lotos des Glücks aller Lebewesen öffnet. Es ist das Herz und die Seele aller Bildung. Das Chanten von Kṛṣṇas heiligem Namen lässt den Ozean der Glückseligkeit des transzendentalen Lebens anschwellen. Es hat eine kühlende Wirkung auf alle Lebewesen und ermöglicht es uns, bei jedem Schritt vollen Nektar zu kosten."

Śrī Caitanya sagte voraus, dass die heiligen Namen Kṛṣṇas in allen Städten und Dörfern der Welt zu hören sein würden. 400 Jahre lang wartete diese Prophezeiung auf ihre Erfüllung, bis Bhaktivinoda Ṭhākura, ein großer spiritueller Meister in direkter Nachfolge Śrī Caitanyas im Jahre 1885 schrieb: „Śrī Caitanya kam nicht, um nur ein paar Menschen in Indien zu befreien. Sein Hauptziel war es, alle Lebewesen aller Länder im ganzen Universum zu befreien und die ewige Religion zu predigen. [...] Es besteht kein Zweifel, dass diese unbestreitbare Anweisung

Wirklichkeit werden wird. [...] Sehr bald wird der unvergleichliche Weg des gemeinsamen Chantens der heiligen Namen des Herrn auf der ganzen Welt verbreitet werden. [...] Oh! Wann kommt endlich der Tag, an dem vom Glück begünstigte Engländer, Franzosen, Russen, Deutsche und Amerikaner mit Fahnen, Trommeln und Handzimbeln *kīrtana* singend durch ihre Straßen und Städte ziehen? Wann wird dieser Tag kommen?"[31]

Bhaktivinoda Ṭhākuras Vision wurde weniger als ein Jahrhundert später Wirklichkeit. 1965 kam Indiens größter spiritueller und kultureller Botschafter, His Divine Grace A. C. Bhaktivedanta Swami Prabhupāda, nach New York und ließ sich in der East Village, dem Herzen der Counterculture-Bewegung der Sechzigerjahre, nieder. In weniger als einem Jahr gründete er die Internationale Gesellschaft für Kṛṣṇa-Bewusstsein. Śrīla Prabhupāda war der zehnte spirituelle Meister nach Śrī Caitanya. Sehr schnell verbreitete sich das Chanten von Hare Kṛṣṇa zuerst in Amerika, dann in Europa und schließlich auf der ganzen Welt.

Anmerkungen

Die vedischen Schriften sagen voraus, dass das Chanten des Hare-Kṛṣṇa-Mantras die gegenwärtige, von Kriegen zerrissene, hasserfüllte Atmosphäre der Welt dramatisch verändern wird, obwohl das Kali-yuga das dekadenteste aller Zeitalter ist. Diese alten, zeitlosen Schriften sprechen von einem goldenen Zeitalter, das mit dem weit verbreiteten Chanten von Hare Kṛṣṇa beginnt. Während dieser Zeit werden die furchtbaren Unruhen, die unsere Welt plagen, allmählich abnehmen, und die Menschen werden überall in wirtschaftlicher, politischer, sozialer, kultureller und spiritueller Hinsicht glücklich sein.

Śrīla Prabhupāda erklärt diesbezüglich: „Das Kali-yuga dauert 432 000 Jahre, von denen nur 5 000 Jahre vergangen sind. Es kommen also noch 427 000 Jahre auf uns zu. Von diesen 427 000 Jahren bieten die 10 000 Jahre der von Śrī Caitanya vor 500 Jahren eingeführten *saṅkīrtana*-Bewegung den gefallenen Seelen des Kali-yuga die Möglichkeit, sich der Bewegung für Kṛṣṇa-Bewusstsein anzuschließen, das Hare-Kṛṣṇa-Mantra zu chanten und sich so aus der Gewalt der materiellen Existenz zu befreien und nach Hause, zu Gott, zurückzukehren."[32]

Quellenangaben

1. Platon (Autor) / Hildebrandt, Kurt (Hrsg./Übersetzer) (1957): Phaidros *oder Vom Schönen.* Stuttgart: Reclam.
2. Johannes 6,63. Alle in diesem Kapitel aufgeführten Bibelzitate gemäß der Einheitsübersetzung von 1980.
3. Markus 8,36.
4. Lukas 17,21.
5. Augustinus (Autor) / Bardenhewer, Otto et al. (Hrsg.) (1914): *Des heiligen Kirchenvaters Aurelius Augustinus Bekenntnisse* [*Confessiones*]. Übersetzung von Dr. Alfred Hofmann. Bibliothek der Kirchenväter, 1. Reihe, Band 18. Kempten / München: J. Kösel, 7. Buch, 17. Kapitel.
6. Thomas von Kempen (Autor) / Kröber, Walter (Hrsg.) (1986): *Nachfolge Christi*. Übersetzung von Johann M. Sailer. Ditzingen: Reclam, Kapitel 26.
7. Thomas von Celano (Autor) / Grau, Engelbert (Hrsg.) (2001): *Leben und Wunder des heiligen Franziskus von Assisi*. Kevelaer: Butzon und Bercker, 366 (II, Art. 165).
8. James, William (Autor) / Verlag der Weltreligionen (Hrsg.) (2010): *Die Vielfalt religiöser Erfahrung. Eine Studie über die menschliche Natur.* Übersetzung von Eilert Herms und Christian Stahlhut. Berlin: Insel Verlag, 390 f.
9. Satsvarūpa dāsa Goswami (1980): *Śrīla Prabhupāda-līlāmṛta*, Bd. 1. Los Angeles: The Bhaktivedanta Book Trust, 201.
10. Bacon, Francis (Autor) / Spedding, James et al. (Hrsg.) (1864): „Sylva sylvarum", in: *The Works of Francis Bacon,* Bd. IV. Boston: Houghton, Mifflin and Company, 231.
11. Johannes 1,1.
12. *Confessiones* [s. 5.], 9. Buch, 10. Kapitel.
13. Johannes 6,63.
14. Augustinus (Autor) / Bardenhewer, Otto et al. (Hrsg.) (1917): *Des heiligen Kirchenvaters Aurelius Augustinus ausgewählte Briefe.* Übersetzung von Dr. Alfred Hofmann. Bibliothek der Kirchenväter, 1. Reihe, Band 29-30. Kempten / München: J. Kösel, X. (Nr. 16), 1.
15. Parrinder, Geoffrey (1961): *Worship in the World's Religions*. London: Faber and Faber, 7.
16. Proverbien 18,10.
17. Psalme 69,31.
18. Psalme 86,9.
19. Psalme 105,1–3.
20. Psalme 150,4–5.
21. Jesaja 57,15.
22. Römer 10,13.
23. Eusebius von Caesarea (Autor) / Bardenhewer, Otto et al. (Hrsg.) (1932): *Ausgewählte Schriften Band II: Kirchengeschichte.* Übersetzung von Philipp Häuser. Bibliothek der Kirchenväter, 2. Reihe, Band 1. Kempten / München: J. Kösel, 10. Buch, 3. Kapitel.
24. Ilarion, Schimonach (1991): *Auf den Bergen des Kaukasus. Gespräch zweier Einsiedler über das Jesusgebet.* Salzburg: Otto Müller-Verlag, 10.
25. Emmanuel Jungclaussen (Hrsg.) (2000): *Aufrichtige Erzählungen eines russischen Pilgers.* Freiburg i. Br.: Herder.
26. *Japji* [Die Meditationen von Guru Nanak], Hymne 4.

27. Shinran Shōnin (Autor) / Yamabe, S. und Beck, L. Adams (Hrsg./ Übersetzer) (1921): *Buddhist Psalms,* London: J. Murray, 87.
28. Śubhānanda dāsa (Hrsg.) (1982): *Śrī Nāmāmṛta: The Nectar of the Holy Name*. Los Angeles: The Bhaktivedanta Book Trust, 142.
29. Ebenda.
30. *Bṛhan-nāradīya Purāṇa*.
31. *Sajjana-toṣaṇī*.
32. *Śrī Nāmāmṛta* [s. 28.], 249.

KAPITEL FÜNF

Das Leben Śrī Caitanya Mahāprabhus

Gegen Ende des 15. Jahrhunderts wurde Indiens außergewöhnlichster politischer, kultureller und religiöser Reformer in einer kleinen Stadt in Westbengalen geboren.

500 Jahre vor Gandhi gründete diese bemerkenswerte Persönlichkeit eine massive, aber gewaltlose Bewegung des zivilen Ungehorsams. Er fegte die zwanghaften Einschränkungen des Erbfolge-Kastenwesens beiseite und ermöglichte Menschen aus jedem Lebensbereich, die höchste Ebene spiritueller Erleuchtung zu erreichen. So löste Er den Würgegriff, mit dem eine stolze intellektuelle Elite das religiöse Leben Indiens zu ersticken drohte. Er ignorierte alle veralteten Rituale und Formeln und setzte eine revolutionäre spirituelle Bewegung in Gang, die schnell in ganz Indien Zuspruch fand – eine Bewegung, die sich aufgrund ihrer universellen Anziehungskraft

noch heute auf der ganzen Welt verbreitet. Der Name dieses mächtigen Reformers lautet Śrī Kṛṣṇa Caitanya Mahāprabhu. Er ist der Gründer der heutigen Hare-Kṛṣṇa-Bewegung.

Die vedischen Schriften Indiens hatten schon lange Seine Geburt vorausgesagt, die 1486 in Māyāpur, einem kleinen Ort in der Nähe der Stadt Navadvīpa, stattfand. Große Heilige und Gelehrte erkannten bald, dass Śrī Caitanya kein gewöhnlicher Mensch, sondern die Höchste Persönlichkeit Gottes war. Er war kein anderer als Kṛṣṇa, der die Rolle eines großen Geweihten Gottes spielte.

Śrī Caitanya hielt nicht viel von oberflächlichen religiösen Ritualen, und so begann Er, sobald Er zu einem jungen Mann herangereift war, mit Seiner göttlichen Mission. Er wollte überall jedem Menschen Zugang zu einer echten Erfahrung von Gottesliebe verschaffen, durch die man die höchsten spirituellen Ekstasen erleben kann. Śrī Caitanya lehrte, dass man dieses Erwachen durch *saṅkīrtana* herbeiführen kann, das heißt durch das Chanten der heiligen Namen Gottes, des Hare-Kṛṣṇa-Mantras.

Innerhalb kurzer Zeit schlossen sich Śrī Caitanya viele Menschen an und begannen, zuhause oder auf den Straßen Navadvīpas zu chanten. Die in der gesellschaftlichen Hierarchie etablierten Gruppen, das heißt die muslimischen Herrscher Bengalens und die auf Erbfolge pochende Priesterklasse der Hindus, also die Kastenpriester, welche die religiöse Führung zu monopolisieren versuchten, sahen in Śrī Caitanya Mahāprabhus *saṅkīrtana*-Bewegung eine Bedrohung. Folglich beschwerten sich Mitglieder beider Gruppen beim muslimischen Herrscher, dem Chand Kazi.

Unter dem Vorwand, Śrī Caitanya und Seine Anhänger störten die etablierte Ordnung, versuchte der Kazi, die wachsende *saṅkīrtana*-Bewegung zu unterdrücken. Auf seinen Befehl hin durchsuchten Ordnungshüter die Häuser der Anhänger Śrī Caitanyas und zerschlugen die Trommeln, die beim Chanten verwendet wurden. Der Kazi befahl, das Chanten ab sofort zu unterlassen, und drohte mit schwerwiegenden Folgen, falls es jemand wagen würde, noch einmal in Navadvīpa zu chanten.

Als Śrī Caitanya Mahaprabhu von der Hausdurchsuchung erfuhr, organisierte er umgehend die bis dahin größte friedliche zivile Ungehorsamsbewegung der indischen Geschichte. Noch am gleichen Abend begab Er sich mit 100 000 Anhängern auf die Straßen Navadvīpas und tanzte mit ihnen durch die Stadt, während der Klang des Hare-Kṛṣṇa-Mantras wie ein ohrenbetäubender Aufschrei durch die Straßen hallte. Schließlich bewegten sich die Chanter auf die Residenz des Kazi zu, der sich im Gebäudeinnern versteckte.

Śrī Caitanya forderte den Kazi auf, herauszukommen und mit Ihm zu reden. Taktvoll, mit Logik und Vernunft, überzeugte Śrī Caitanya ihn davon, dass die Beschwerden gegen das *saṅkīrtana*-Chanten jeder Grundlage entbehrten. Daraufhin fand ein dramatischer Wandel im Kazi statt. Er wurde ein Anhänger Śrī Caitanyas und förderte und schützte von da an die *saṅkīrtana*-Bewegung. Noch heute besuchen Hindus das Grabmal dieses muslimischen Herrschers, um ihm ihre Achtung zu erweisen. Seit der Begegnung zwischen Śrī Caitanya und dem Kazi haben die Muslime von Navadvīpa das öffentliche Chanten des Hare-Kṛṣṇa-Mantras nie wieder zu unterbinden versucht, auch nicht, als es zu Unruhen zwischen Hindus und Muslimen kam.

Nicht lange nach diesem wichtigen Erfolg in seiner Heimatstadt begann Śrī Caitanya, seine Bewegung in ganz

Indien zu verbreiten. Sechs Jahre lang reiste Er durch den Subkontinent, sang das Hare-Kṛṣṇa-Mantra und verbreitete Liebe zu Gott. An vielen Orten schlossen sich Ihm die Menschen zu Hunderttausenden an und formten massive Gesangsgruppen. Aber Śrī Caitanya Mahāprabhu begegnete auch Widersachern, von denen die Māyāvādīs am hartnäckigsten waren. Es handelte sich um eine elitäre Gruppe von Philosophen, die sich in ganz Indien breit gemacht hatte. Die Māyāvādīs verdrehten den Sinn der vedischen Schriften in einem vergeblichen Versuch zu beweisen, dass Gott keine Persönlichkeit, keine Gestalt hätte. Außerdem vertraten sie die Ansicht, spirituelle Erleuchtung könnte nur von einigen wenigen Auserwählten erlangt werden, genauer gesagt von jenen, die Sanskrit gelernt hatten und den *Vedānta-sūtra* studierten.

Während Seiner Reisen setzte sich Śrī Caitanya wiederholt mit den Māyāvādīs auseinander, wobei es Ihm gelang, viele von ihnen durch die schiere Kraft seiner Predigt zu überzeugen. Einer der größten Philosophen der Māyāvāda-Schule, Sārvabhauma Bhaṭṭācārya, forderte Śrī Caitanya zu einem philosophischen Streitgespräch heraus, musste sich aber bald geschlagen geben. Seine unpersönliche Gotteserklärung konterte Śrī Caitanya mit folgenden Worten: „Sämtliche Lebewesen sind individuelle Personen, sie sind integrale Teilchen des Höchsten Ganzen. Wenn die Teile individuelle Personen sind, kann ihr Ursprung nicht unpersönlich sein. Vielmehr ist dieser Ursprung die höchste Person unter allen relativen Personen.“ Nach dieser Erklärung vollbrachte Śrī Caitanya ein erstaunliches Wunder: Aus Seiner grundlosen Barmherzigkeit zeigte Er Sārvabhauma Bhaṭṭācārya Seine bezaubernde, ursprüngliche, spirituelle Gestalt als Kṛṣṇa, die Höchste Persönlichkeit Gottes. Darauf fiel Sārvabhauma dem Herrn zu Füßen und ergab sich Ihm. So wurde der frühere Unpersönlichkeitsphilosoph zu einem großen Gottgeweihten.

Die größte Konfrontation mit den Māyāvādīs stand jedoch noch bevor. Sie geschah in jener Stadt, die seit Jahrhunderten Hauptsitz der Māyāvāda-Schule gewesen war: Vārāṇasī. Sri Caitanya war mit Seinen Freunden und Geweihten nach Vārāṇasī gekommen, um auch dort Seine *saṅkīrtana*-Bewegung zu verbreiten. Wo immer Er hinging, lockte Er riesige Menschenmengen an. Als Prakāśānanda Sarasvatī, der Anführer der herrschenden Māyāvāda-Gruppierung, davon hörte, begann er den Herrn zu kritisieren. „Ein echter spiritueller Führer", sagte er, „würde sich niemals dazu herablassen, mit allen möglichen gewöhnlichen Leuten zu singen und zu tanzen." Prakāśānanda Sarasvatī hatte von der spirituellen Bedeutung des Hare-Kṛṣṇa-Mantras keine Ahnung und hielt das Chanten daher für reine Gefühlsduselei. Seiner Meinung nach sollte ein Spiritualist seine Zeit damit verbringen, abstrakte Philosophie zu studieren und endlose Diskussionen über die Absolute Wahrheit zu führen. Es kam zum offenen Konflikt. Eine populäre nichtsektiererische, universelle religiöse Bewegung prallte auf ein starres separatistisches Gedankengebäude. Śrī Caitanya Mahāprabhu sollte schon bald den Versuch der Impersonalisten, das spirituelle Gedankengut Indiens zu dominieren, für immer unterbinden.

Die Anhänger des Herrn waren über die ständige Kritik der Māyāvādīs zutiefst unglücklich. Um sie zu besänftigen, nahm Sri Caitanya eine Einladung zu einem Treffen aller führenden Māyāvādīs an. Nachdem Er sich mitten in der Versammlung auf den Boden gesetzt hatte, zeigte Er Seine unvergleichliche mystische Kraft. Von

Seinem Körper ging ein spiritueller Glanz aus, der heller strahlte als die Sonne. Die Māyāvādīs waren sprachlos und erhoben sich in Ehrfurcht. Prakāśānanda Sarasvatī fragte Śrī Caitanya, warum Er chante und tanze, statt Vedānta-Philosophie zu studieren, worauf der Herr, der in Wahrheit mit den vedischen Lehren sehr gut vertraut war, antwortete: „Ich widme mich der *saṅkīrtana*-Bewegung statt dem Studium des Vedānta, weil ich ein ausgesprochener Dummkopf bin."

Indirekt kritisierte der Herr mit dieser Feststellung die Māyāvādīs, die übermäßig stolz auf ihr trockenes, intellektuelles Studium der Veden waren, das sie zu falschen Schlussfolgerungen geführt hatte. „Und weil ich ein Dummkopf bin", fuhr Sri Caitanya fort, „hat mir mein spiritueller Meister verboten, mit der Vedānta-Philosophie herumzuspielen. Er sagte, es sei besser, wenn Ich den heiligen Namen Gottes chante, denn dadurch würde Ich von der Bindung an die materielle Welt frei werden." Als nächstes zitierte Śrī Caitanya einen Sanskrit-Vers, den Ihm Sein spiritueller Meister gegeben hatte, damit Er ihn ständig in Erinnerung behalte:

harer nāma harer nāma harer nāmaiva kevalam
kalau nāsty eva nāsty eva nāsty eva gatir anyathā

„Im Zeitalter des Kali gibt es keinen anderen Weg, keinen anderen Weg, keinen anderen Weg als das Chanten des heiligen Namens, des heiligen Namens, des heiligen Namens des Herrn, um spirituellen Fortschritt zu erreichen." *(Bṛhan-nāradīya Purāṇa)*

Das Gespräch zwischen Sri Caitanya und den Māyāvādī-*sannyāsīs* dauerte Stunden. Am Ende fand eine der erstaunlichsten religiösen Bekehrungen aller Zeiten statt: Prakāsānanda Sarasvatī, der größte Gelehrte unter den Māyāvādīs, ergab sich samt seiner Anhänger dem Herrn und begann voller Begeisterung, die heiligen Namen Kṛṣṇas zu chanten. Als Folge dieser Bekehrung schloss sich ganz Vārāṇasī Śrī Caitanyas *saṅkīrtana*-Bewegung an.

Obwohl Śrī Caitanya als *brāhmaṇa* geboren worden war und damit zur obersten Kaste gehörte, sagte Er immer wieder, solche Bezeichnungen seien etwas Äußerliches, und verhielt sich dementsprechend. Er ignorierte die gesellschaftlichen Gepflogenheiten Seiner Zeit und besuchte sogar Gottgeweihte aus der untersten Schicht. Er verkehrte mit ihnen und nahm mit ihnen Seine Mahlzeiten ein. Er ging sogar so weit, Seine esoterischsten Lehren über das Thema der Gottesliebe Rāmānanda Rāya zu vermitteln, der ebenfalls zu einer unteren Kaste gehörte. Ein anderer Schüler, Haridāsa Ṭhākura, war geborener Muslim und galt daher in der Hindu-Gesellschaft als Paria. Trotzdem gab ihm Śrī Caitanya die hohe Position des *nāmācārya,* was bedeutet, dass die anderen Geweihten ihn als den vorbildlichen Lehrer des Chantens von Kṛṣṇas heiligem Namen akzeptierten. Śrī Caitanya beurteilte die Menschen nicht nach ihrer gesellschaftlichen Stellung, sondern nach ihrem spirituellen Fortschritt.

Auf diese Weise legte Sri Caitanya Mahāprabhu den Grundstein für eine universelle Religion, die für alle Menschen Gültigkeit hat – eine wissenschaftliche Methode spiritueller Erleuchtung, die sich gerade heute auf der ganzen Welt wie ein Lauffeuer ausbreitet. Immer weniger Gläubige gehen in Kirchen, Tempel oder Moscheen, Gewalt zwischen religiösen und politischen Gruppen zerreißt die Gesellschaft, weshalb es verständlich ist, dass die Menschen äußerlichen religiösen Systemen immer kritischer gegenüberstehen.

Sie sehnen sich nach einem spirituellen Erlebnis, das alle Grenzen überschreitet. Millionen Menschen finden diese Erfahrung in der weltweiten *saṅkīrtana*-Bewegung Sri Caitanyas, der sagte: „Die *saṅkīrtana*-Bewegung ist der höchste Segen für die gesamte Menschheit, denn sie verbreitet die Strahlen des Segensmondes. Sie ist das Leben aller transzendentalen Erkenntnis. Sie lässt den Ozean der transzendentalen Glückseligkeit immer mehr anschwellen und ermöglicht es uns, jenen Nektar zu kosten, nach dem wir uns immer schon gesehnt haben."

KAPITEL SECHS

Haridāsa Ṭhākura und die Prostituierte

Im Indien des 16. Jahrhunderts vermieden strikte Anhänger des Kastensystems jeden Kontakt mit Muslimen. Im Gegensatz zu ihnen setzte sich Śrī Caitanya Mahāprabhu, der Gründer der modernen Hare-Kṛṣṇa-Bewegung, über alle Vorurteile und religiöse Intoleranz hinweg. Er ging sogar so weit, den in einer muslimischen Familie geborenen Haridāsa Ṭhākura zum nāmācārya *zu erklären, zum Vorbild des Chantens von Kṛṣṇas heiligem Namen. Auf diese Weise illustrierte Śrī Caitanya eine Seiner Hauptlehren: Wenn jemand ein reiner Gottgeweihter ist, sollte man ihm, ungeachtet seiner Geburt oder gesellschaftlichen Stellung, alle Ehre erweisen, denn eine im spirituellen Leben fortgeschrittene Person kann auf andere einen starken Einfluss ausüben und deren Leben tiefgreifend verändern. Der folgende Vorfall aus dem Leben Haridāsa Ṭhākuras beschreibt, wie die Kraft seines Chantens eine attraktive Prostituierte in eine große Heilige verwandelte.*

Im Wald von Benāpola, das im heutigen Bangladesh liegt, saß ein einsamer Mönch vor einer heiligen *tulasī*-Pflanze und chantete Tag und Nacht Kṛṣṇas heilige Namen. Haridāsa Ṭhākura, so hieß der Mönch, chantete jeden Tag 300 000 Namen Gottes. Er war ständig in Trance vertieft, und sein Körper wurde durch die vom Chanten ausgehende spirituelle Kraft am Leben erhalten und brauchte so gut wie keinen Schlaf. Haridāsa Ṭhākura war so einflussreich, dass alle Nachbarn ihm große Achtung erwiesen – außer einem.

Rāmacandra Khān, Großgrundbesitzer und Steuereintreiber, war neidisch auf alle Geweihten Kṛṣṇas, besonders aber auf Haridāsa Ṭhākura, der ihm ein Dorn im Auge war. Er konnte es nicht ertragen, dass die Leute diesem Mönch so viel Respekt erwiesen. Er wollte deshalb Haridāsas Ehre in den Schmutz ziehen, konnte aber an seinem Charakter keinen Fehler finden. Also bestellte er ein paar Prostituierte zu sich und plante mit ihnen, den Heiligen in Verruf zu bringen.

Rāmacandra Khān sagte: „Nicht weit von hier lebt ein Bettelmönch namens Haridāsa Ṭhākura. Findet einen Weg, ihn von seinem strengen Gelübde der Askese abzubringen." Das war der Plan des Khān. Denn Askese bedeutet Verzicht auf sinnliche Freuden, insbesondere Sex, und wer kann schon den Verführungskünsten eines hübschen jungen Mädchens widerstehen?

Rāmacandra Khān wählte also das schönste Mädchen aus und gab ihm den Auftrag, das Zölibat des Mönches zu brechen und ihm so seine Ehre zu rauben. „In spätestens drei Tagen werde ich Haridāsa Ṭhākura verführen", versprach die Prostituierte. „Meine Männer werden mit dir gehen", sagte der Khān, und sobald sie dich mit Haridāsa Ṭhākura sehen, werden sie ihn in

Gewahrsam nehmen und euch beide zu mir bringen.“ „Es ist besser, wenn ich ihn erst einmal dazu bringe, sich mit mir zu vereinigen“, gab die Prostituierte zu bedenken. „Das nächste Mal können dann deine Leute mitkommen und ihn festnehmen.“

Als die Nacht hereinbrach, machte sich die Prostituierte, aufreizend gekleidet, auf den Weg. Nachdem sie der *tulasī*-Pflanze im Vorhof Respekt erwiesen hatte, ging sie zur Hütte, bot auch Haridāsa ihre Ehrerbietungen dar und blieb in der Tür stehen. Haridāsa war jung, stark gebaut und gut aussehend. Das Mädchen konnte es kaum erwarten, mit ihm allein zu sein. Als der Mönch ihr keine Beachtung schenkte, setzte sie an der Tür nieder und sprach ihn an. „Mein lieber Haridāsa, o großer Prediger, großer Gottgeweihter, du siehst so gut aus und deine Jugend hat gerade erst begonnen. Welche Frau könnte dich vergessen, nachdem sie ihr Auge auf dich geworfen hat? Ich kann es kaum erwarten, mit dir vereint zu sein. Mein Herz steht in Flammen. Wenn du mich abweist, werde ich mein Leben nicht erhalten wollen.“

Haridāsa Ṭhākura antwortete: „Sorge dich nicht. Natürlich werde ich deinem Wunsch entsprechen. Du musst nur etwas Geduld haben und warten, bis ich meine Anzahl von Mantras zu Ende gechantet habe. Bis dahin, setz dich zu mir und höre meinem Chanten zu. Sobald ich fertig bin, werde ich deinen Wunsch erfüllen.“

Ermutigt durch die Worte des Heiligen, blieb die Prostituierte an der Tür sitzen, und Haridāsa Ṭhākura chantete weiter auf seiner Gebetskette. Als der Morgen dämmerte und Haridāsa immer noch chantete, stand das Mädchen auf und kehrte ins Dorf zurück, wo es dem Khān Bericht erstattete. Die Prostituierte versicherte ihm: „Heute hat mir Haridāsa Ṭhākura versprochen, sich bald mit mir zu vergnügen. Morgen werde ich mich endlich mit ihm vereinigen."

Als sie Haridāsa Ṭhākura am nächsten Abend erneut aufsuchte, entschuldigte sich dieser: „Gestern Nacht musste ich dich leider enttäuschen. Bitte sei mir nicht böse. Heute werden wir bestimmt Zeit finden. Setz dich solange hin und höre dem Chanten des Hare-Kṛṣṇa-*mahā-mantras* zu. Wenn ich mein Soll erfüllt habe, werde ich dir meine ganze Aufmerksamkeit schenken."

Nachdem die Prostituierte der *tulasī*-Pflanze und Haridāsa Ṭhākura ihre Ehrerbietungen erwiesen hatte, setzte sie sich wieder an der Tür nieder. Nachdem sie eine Zeitlang dem Ṭhākura zugehört hatte, wie er das Hare-Kṛṣṇa-Mantra chantete, begann sie ebenfalls zu beten: „O mein Herr, o Hari, o mein Herr, o Hari!"

Als die Nacht zu Ende ging, wurde die Prostituierte unruhig. Als Haridāsa ihre besorgte Mine sah, sagte er zu ihr: „Ich habe gelobt, in einem Monat zehn Millionen Namen zu chanten, aber jetzt geht dieses Gelübde seinem Ende zu. Ich hatte gehofft, heute mit dem Chanten fertig zu werden. Ich habe mein Bestes versucht und das Hare-Kṛṣṇa-Mantra die ganze Nacht gechantet, aber ich bin immer noch nicht fertig. Morgen werde ich ganz bestimmt mein Gelübde erfüllen, und dann wird es mir möglich sein, mit dir frei und unbeschwert zu genießen."

Wieder musste die Prostituierte Rāmacandra Khān gestehen, dass sie keinen Erfolg gehabt hatte. Am nächsten Tag ging sie etwas früher zu Haridāsa Ṭhākuras Hütte und blieb die ganze Nacht. Während sie wieder seinem Chanten zuhörte, begann auch sie schließlich Kṛṣṇas heiligen Namen zu chanten. „Heute werde ich rechtzeitig fertig werden", versicherte ihr der Heilige, „dann werde ich dein Begehren befriedigen."

Als die Nacht endete, chantete Haridāsa immer noch. In der Prostituierten aber hatte eine Wandlung stattgefunden. Dadurch, dass sie dem Chanten eines reinen Gottgeweihten so lange zugehört hatte, war ihr Herz gereinigt worden. Weinend fiel sie Haridāsa Ṭhākura zu Füßen und gestand, von Rāmacandra Khān geschickt worden zu sein, um ihn zu verführen.

„Weil ich den Beruf einer Prostituierten ausübe", sagte sie, „habe ich unzählige Sünden begangen. Mein Herr, sei mir gnädig. Rette meine gefallene Seele."

Haridāsa antwortete: „Ich kenne Rāmacandra Khāns Absichten. Er ist ein unwissender Narr. Was immer er vorhaben mag, stört mich nicht. Unter gewöhnlichen Umständen hätte ich noch am gleichen Tag, an dem Rāmacandra Khān seine Intrige in die Wege leitete, diesen Ort verlassen, aber weil du gekommen bist, bin ich geblieben, nur um dich zu befreien." „Bitte sei mein spiritueller Meister", bat ihn die Prostituierte. „Unterweise mich in meinen Pflichten, damit ich aus der materiellen Existenz befreit werden kann."

Mit einem Lächeln sagt Haridāsa zu ihr: „Geh nach Hause und verteile dein Hab und Gut an die *brāhmaṇas*. Danach komme wieder her und bleibe hier für immer im Kṛṣṇa-Bewusstsein. Chante ununterbrochen das Hare-Kṛṣṇa-Mantra und diene der *tulasī*-Pflanze, indem du sie bewässerst und ihr Gebete darbringst. Auf diese Weise wirst du bald die Gelegenheit bekommen, unter Kṛṣṇas Lotosfüßen Zuflucht zu finden."

Nachdem er die Prostituierte so im Chanten von Hare Kṛṣṇa unterwiesen hatte, stand Haridāsa Ṭhākura auf und ging, mit dem heiligen Namen Kṛṣṇas auf den Lippen, seines Weges.

Der Anordnung ihres spirituellen Meisters folgend,

verteilte die Prostituierte ihren Besitz an die ortsansässigen Priester und begann, wie ihr Guru, jeden Tag 300 000 Mal den heiligen Namen Kṛṣṇas zu chanten. Sie chantete Tag und die Nacht und verehrte die *tulasī*-Pflanze. Indem sie ihre Essgewohnheiten änderte und entweder nur spärlich aß oder ganz fastete, lernte sie, ihre Sinne zu beherrschen. Sobald ihre Sinne unter Kontrolle waren, erschienen in ihrem Körper die ersten Anzeichen von Liebe zu Gott.

So wurde die Prostituierte zu einer großen Heiligen und ihr Ruhm verbreitete sich im ganzen Land. Weil sie im spirituellen Leben fortgeschritten war, kamen viele Gottgeweihte sie besuchen. Alle waren erstaunt, als sie den erhabenen Charakter der ehemaligen Prostituierten sahen. Sie lobten den Einfluss Haridāsa Ṭhākuras und erwiesen ihm ihre Ehrerbietungen.

Rāmacandra Khān verlor seinerseits schließlich durch eine Fügung des Höchsten Herrn seinen guten Ruf und endete im Ruin. Unterdessen setzte Haridāsa Ṭhākura seine Wanderung fort und predigte ohne Unterlass die glorreichen Eigenschaften des heiligen Namens, über den er oft sagte: „So wie die aufgehende Sonne die Dunkelheit der Welt vertreibt, die so tief ist wie ein Ozean, so kann der heilige Name des Herrn, wenn er nur einmal ohne Vergehen gechantet wird, alle Reaktionen des sündhaften Lebens eines jeden vertreiben. Gelobt sei der heilige Name des Herrn, welcher der ganzen Welt Glück bringt."

Bis zum heutigen Tag besuchen jedes Jahr Tausende Pilger das Grabmal Haridāsa Ṭhākuras, der, obwohl als Muslim geboren, zum Vorbild für das Chanten des heiligen Namens und einer der größten Gottgeweihten wurde.

KAPITEL SIEBEN

Die Wissenschaft der Mantra-Meditation

Auszüge aus den Schriften von His Divine Grace
A. C. Bhaktivedanta Swami Prabhupāda

Wie wir unser ursprüngliches Strahlen wiederbeleben können

Funken sind schön, solange sie sich im Feuer befinden. Ähnlich verhält es sich mit uns: Wir müssen mit der Höchsten Persönlichkeit Gottes in Verbindung bleiben und uns immer im hingebungsvollen Dienst beschäftigen, dann werden wir immer strahlen und leuchten. Sobald wir vom Dienst des Herrn fallen, erlischt unser Strahlen und Leuchten sofort oder wird zumindest eine Zeitlang unterbrochen. Wenn wir Lebewesen, die wir Funken des ursprünglichen Feuers – des Höchsten Herrn – sind, in materielle Umstände fallen, müssen wir das Mantra annehmen, das uns die Höchste Persönlichkeit Gottes in der Gestalt Śrī Caitanya Mahāprabhus anbietet. Wenn wir das Hare-Kṛṣṇa-Mantra chanten, werden wir von allen Schwierigkeiten dieser materiellen Welt befreit werden.

Śrīmad-Bhāgavatam 8.6.15

Das Mantra für alle

Caitanya Mahāprabhu führte das Chanten von Hare Kṛṣṇa, Hare Kṛṣṇa, Kṛṣṇa Kṛṣṇa, Hare Hare / Hare Rāma, Hare Rāma, Rāma Rāma, Hare Hare ein, weil es das beste Mittel ist, Liebe zu Gott zu verbreiten. Es ist nicht nur für die heutige Zeit (Kali-yuga) empfohlen. Die Empfehlung gilt für alle Zeiten. Stets hat es Gottgeweihte gegeben, die durch Chanten die Vollkommenheit erreicht haben. Das ist das Wunderbare an der Bewegung für Kṛṣṇa-Bewusstsein. Das Chanten gilt nicht nur für eine bestimmte Zeit, ein bestimmtes Land oder eine bestimmte Klasse von Menschen. Jeder kann Hare Kṛṣṇa chanten – in jeder gesellschaftlichen Stellung, in jedem Land und zu jeder Zeit –, denn Kṛṣṇa ist der Höchste Herr aller Menschen in allen gesellschaftlichen Stellungen, in allen Ländern, zu allen Zeiten.

Elevation to Kṛṣṇa Consciousness
[Erhebung zum Kṛṣṇa-Bewusstsein]

Wie wir unser ursprüngliches Bewusstsein erwecken können

Im *Caitanya-caritāmṛta* (*Madhya* 22.107) heißt es: „Reine Liebe zu Kṛṣṇa ist ewig im Herzen aller Lebewesen. Es ist nichts, was aus einer anderen Quelle zu gewinnen ist. Wenn das Herz durch Hören und Chanten geläutert wird, erwacht das Lebewesen naturgemäß." Da Kṛṣṇa-Bewusstsein jedem Lebewesen innewohnt, sollte jedem die Möglichkeit gegeben werden, über Kṛṣṇa zu hören. Einfach durch Hören und Chanten – *śravaṇam kīrtanam* – wird das Herz geläutert und das ursprüngliche Kṛṣṇa-Bewusstsein erweckt. Kṛṣṇa-Bewusstsein wird dem Herzen nicht künstlich aufgedrängt; es ist bereits vorhanden. Wenn man den heiligen Namen der Höchsten Persönlichkeit Gottes chantet, wird das Herz von aller materiellen Verunreinigung geläutert.

Der Nektar der Unterweisung, Erläuterung zum 4. Vers

Chanten: Die universelle Religion

Im gegenwärtigen Zeitalter streitet man sich sogar wegen Kleinigkeiten. Deshalb haben die *śāstras* [Schriften] für dieses Zeitalter einen allgemeingültigen Weg zur Selbsterkenntnis empfohlen – das Chanten der heiligen Namen des Herrn. Die Menschen können Treffen veranstalten, um den Herrn in ihrer jeweiligen Sprache und mit wohlklingenden Liedern zu lobpreisen. Wenn solche Veranstaltungen ohne Vergehen abgehalten werden, ist es sicher, dass die Teilnehmer allmählich die spirituelle Vollkommenheit erreichen werden, ohne sich härteren Methoden unterziehen zu müssen. [...] alle Menschen der Welt werden den heiligen Namen des Herrn als die gemeinsame Grundlage für die universale Religion der Menschheit annehmen.

Śrīmad-Bhāgavatam, 1. Canto, Einleitung

Wie wir Gott durch Klang sehen können

Hare Kṛṣṇa, Hare Kṛṣṇa, Kṛṣṇa Kṛṣṇa, Hare Hare / Hare Rāma, Hare Rāma, Rāma Rāma, Hare Hare ist ein Klang *(śabda)*, der von Kṛṣṇa nicht verschieden ist. Der Klang Kṛṣṇa und der ursprüngliche Kṛṣṇa sind identisch …

Es gibt Dinge, die wir hören, aber nicht sehen. Der Wind mag an uns um die Ohren pfeifen – und wir können ihn hören –, aber es ist nicht möglich, den Wind zu sehen. Da Hören keine weniger wichtige oder gültige Erfahrung ist als Sehen, können wir Kṛṣṇa hören und Seine Anwesenheit durch Klang erfahren. Śrī Kṛṣṇa sagt selbst: „Ich bin nicht in Meinem Reich oder im Herzen des meditierenden Yogi anwesend, sondern dort, wo Meine reinen Geweihten singen." Wir können Kṛṣṇas Gegenwart in dem Maße fühlen, wie wir im spirituellen Leben tatsächlich voranschreiten.

Rāja-vidyā: Der König des Wissens

Der Heilige Name wirkt wie Feuer

Feuer hat seine Wirkung, ob nun ein unschuldiges Kind damit hantiert oder jemand, der sich der Kraft des Feuers bewusst ist. Wenn zum Beispiel ein Feld mit Stroh oder trockenem Gras in Brand gesetzt wird, ist es unerheblich, ob ein älterer Mann, der die Kraft des Feuers kennt, oder ein ahnungsloses Kind den Brand entfacht hat – das Gras wird zu Asche verbrennen. Ebenso mag man sich der Kraft bewusst sein, die dem Chanten des Hare-Kṛṣṇa-Mantras innewohnt, oder auch nicht, doch wenn man den heiligen Namen chantet, wird man von allen sündhaften Reaktionen frei.

Śrīmad-Bhāgavatam 6.2.18

Befreiung vom falschen Ego

Jemand, der den heiligen Namen des Herrn chantet, nimmt die Wirkung des Chantens als Befreiung von falscher Ichbezogenheit wahr. Falsche Ichbezogenheit bedeutet, sich für den Genießer der Welt zu halten und zu denken, alles in der Welt sei für den eigenen Genuss bestimmt. Die gesamte materialistische Welt bewegt sich unter diesem falschen Egoismus von „ich" und „mein". Das Chanten des heiligen Namens bewirkt, dass man von solchen falschen Vorstellungen frei wird.

Śrīmad-Bhāgavatam 2.1.11

Chanten besiegt den Tod

Wenn ein Gottgeweihter durch die Gnade des Herrn zur Zeit des Todes die heiligen Namen – Hare Kṛṣṇa, Hare Kṛṣṇa, Kṛṣṇa Kṛṣṇa, Hare Hare / Hare Rāma, Hare Rāma, Rāma Rāma, Hare Hare – chantet, kann er einfach durch das Chanten des *mahā-mantras* den weiten Ozean des materiellen Himmels sehr schnell überqueren und in den spirituellen Himmel eintreten. Er muss nie wieder in den Kreislauf von Geburt und Tod zurückkehren. Einfach durch das Chanten der heiligen Namen des Herrn kann er den Ozean des Todes überqueren.

Śrīmad-Bhāgavatam 4.10.30

Die Erfahrung von Ekstase

Die transzendentale ekstatische Zuwendung zu Kṛṣṇa, die sich aus dem perfekten Verständnis ergibt, dass die Person Kṛṣṇa und der Name „Kṛṣṇa" identisch sind, heißt *bhāva* [ekstatische spirituelle Gefühlsregung]. Wer *bhāva* erreicht hat, ist nicht mehr durch die materielle Natur verunreinigt. Er genießt vielmehr transzendentale Freude, die aus *bhāva* entsteht, und wenn *bhāva* intensiver wird, mündet sie in Liebe zu Gott. Sri Caitanya lehrte, dass jeder, der den heiligen Namen Kṛṣṇas, das *mahā-mantra,* chantet, die Stufe reiner Gottesliebe, also intensivierte *bhāva*, erreichen kann.

Die Lehren Śrī Caitanyas

Die Klanginkarnation Gottes

Manchmal kommt Kṛṣṇa persönlich, manchmal kommt Er als Klang, und manchmal kommt Er als Gottgeweihter. Es gibt viele verschiedene *avatāras*. Im gegenwärtigen Zeitalter ist Kṛṣṇa in Seinem heiligen Namen erschienen: Hare Kṛṣṇa, Hare Kṛṣṇa, Kṛṣṇa Kṛṣṇa, Hare Hare / Hare Rāma, Hare Rāma, Rāma Rāma, Hare Hare. Śrī Caitanya Mahāprabhu hat ebenfalls bestätigt, dass Kṛṣṇa im Zeitalter des Kali als Schallschwingung erschienen ist. Klang ist eine der Formen, die der Herr annimmt. Aus diesem Grunde heißt es, dass zwischen Kṛṣṇa und Seinem Namen kein Unterschied bestehe.

Elevation to Kṛṣṇa Consciousness
[Erhebung zum Kṛṣṇa-Bewusstsein]

Kṛṣṇa oder Christus – der Name ist der gleiche

In einem Gespräch mit dem Benediktinermönch Emmanuel Jungclaussen, zu dessen spiritueller Praktik die Wiederholung des Jesusgebetes gehörte, erläuterte Srila Prabhupada:

„Christos“ ist die griechische Version von „Kṛṣṇa“. Wenn ein Inder Kṛṣṇa anruft, sagt er oft „Kṛṣṭa“. Kṛṣṭa ist ein

Sanskritwort, das „der Anziehende" bedeutet. Wenn wir also Gott als Christus, Kṛṣṭa oder Kṛṣṇa ansprechen, meinen wir dieselbe allanziehende Höchste Persönlichkeit Gottes. Als Jesus sagte: „Vater unser, der Du bist im Himmel, geheiligt werde Dein Name", so meint er mit dem Namen Gottes „Kṛṣṭa" oder „Kṛṣṇa". Eigentlich spielt es keine Rolle: Ob „Kṛṣṇa" oder „Christus", der Name ist der gleiche. Hauptsache ist, dass wir den Weisungen der vedischen Schriften folgen, die empfehlen, in der heutigen Zeit den Namen Gottes zu chanten. Ich will Sie nicht belehren, ich will Sie nur bitten, den Namen Gottes zu chanten. Die Bibel stellt die gleiche Forderung. Seien Sie also so gut und arbeiten Sie mit uns zusammen. Chanten Sie, und falls Sie etwas gegen das Chanten von Kṛṣṇas Namen haben, dann chanten Sie eben „Christos" oder „Kṛṣṭa". Da ist kein Unterschied.

Śrī Caitanya sagte: *nāmnām akāri bahudhā nija-sarvaśaktiḥ.* „Gott hat Millionen und Abermillionen von Namen, und weil zwischen Gottes Namen und Gott der Person kein Unterschied besteht, hat jeder dieser Namen die gleiche Kraft wie Gott." Hieraus folgt, dass selbst wenn Sie sich mit Bezeichnungen wie „Hindu", „Christ" oder „Muslim" identifizieren, Sie die spirituelle Ebene erreichen werden, wenn Sie einfach den Namen Gottes chanten, den Sie in Ihren eigenen Schriften finden. Wir haben immer diese Gebetskette bei uns, so wie Sie Ihren Rosenkranz haben. Ich sehe, dass Sie chanten, aber warum chanten die anderen Christen nicht? Wenn Sie mit uns zusammenarbeiten möchten, dann gehen Sie in die Kirchen und chanten „Christus", „Kṛṣṭa" oder „Kṛṣṇa". Was ist dagegen einzuwenden?

Die Schönheit des Selbst

Die wilden Pferde des Geistes

Der Geist erfindet andauernd Dinge, die uns glücklich machen sollen. Ich überlege mir: „Dies wird mich glücklich machen" oder „jenes wird mich glücklich machen." „Hier ist Glück." „Dort ist Glück." Auf diese Weise nimmt uns der Geist überall mit hin. Es ist, als ob wir auf einem Wagen säßen, der von einem ungezügelten Pferd gezogen wird. Wir haben keine Kontrolle über die Richtung, in die wir fahren, sondern sitzen nur erschrocken da und sehen hilflos zu. Sobald der Geist mit Kṛṣṇa-bewussten Handlungen beschäftigt ist – insbesondere mit dem Chanten von Hare Kṛṣṇa, Hare Kṛṣṇa, Kṛṣṇa Kṛṣṇa, Hare Hare / Hare Rāma, Hare Rāma, Rāma Rāma, Hare Hare –, werden die wilden Pferde des Geistes allmählich gezähmt.

On the Way to Kṛṣṇa [Auf dem Weg zu Kṛṣṇa]

Die Friedensformel

Die Erde ist das Eigentum Gottes, aber wir Lebewesen, vor allem die angeblich zivilisierten Menschen, beanspruchen das Eigentum Gottes für uns, da wir individuell und kollektiv einer falschen Vorstellung unterliegen. Wenn wir Frieden wollen, müssen wir diese falsche Vorstellung aus unserem Denken und damit aus der Welt verbannen. Es ist dieser falsche Besitzanspruch der menschlichen Spezies auf unserer Erde, der teilweise oder gänzlich den Weltfrieden stört.

Unwissende, nur dem Anschein nach zivilisierte Menschen, die gottlos geworden sind, beanspruchen Gottes Eigentum für sich. Niemand kann in einer gottlosen Gesellschaft glücklich und in Frieden leben. In der *Bhagavad-gītā* (5.29) sagt Kṛṣṇa: „Ich bin der eigentliche

Genießer aller Handlungen der Lebewesen, der Höchste Herr aller Universen und der wohlwollende Freund aller Geschöpfe." Wenn die Menschen diese Wahrheiten als die Friedensformel erkennen, dann – und nur dann – wird Frieden herrschen.

Wenn wir also Frieden wollen, müssen wir unser Bewusstsein, sowohl individuell als auch kollektiv, durch den einfachen Vorgang des Kṛṣṇa-bewussten Chantens der heiligen Namen Gottes verändern. Das ist eine den Richtlinien entsprechende, anerkannte Methode, Frieden auf der Welt zu erreichen. Wir empfehlen daher jedem, durch das Chanten von Hare Kṛṣṇa, Hare Kṛṣṇa, Kṛṣṇa Kṛṣṇa, Hare Hare / Hare Rāma, Hare Rāma, Rāma Rāma, Hare Hare Kṛṣṇa-bewusst zu werden.

Diese praktische, einfache und erhabene Methode, die Śrī Caitanya vor 480 Jahren in Indien einführte, ist heute in vielen anderen Ländern verfügbar. Wir sollten, wie oben erwähnt, diesen einfachen Vorgang des Chantens annehmen, unsere wahre Position durch das Lesen der *Bhagavad-gītā* wie sie ist erkennen und unsere verlorene Beziehung zu Kṛṣṇa, Gott, wiederherstellen. Das wird in kürzester Zeit auf der ganzen Welt zu Frieden und Wohlstand führen.

Die Schönheit des Selbst

Kostenlose und kostspielige Mantras

Vor kurzem kam ein indischer Yogi nach Amerika, und bot ein „privates Mantra" an. Doch wenn einem Mantra Kraft innewohnt, warum sollte es privat sein? Sollte man es nicht zum Nutzen aller bekannt machen? Wir sagen, dass das Hare-Kṛṣṇa-*mahā-mantra* jeden retten kann, und deshalb verbreiten wir es öffentlich, kostenlos. [...]

Die Gottgeweihten predigen, ohne etwas dafür zu verlangen. Sie verkünden auf den Straßen, in den Parks, überall: „Hier! Hier ist das Hare-Kṛṣṇa-*mahā-mantra*. Kommt, nehmt es!“

Bhakti – Der Wandel im Herzen

Das Arztrezept bei Herzkrankheit

Aus einem Gespräch mit einem Community Relations Officer der Chicagoer Polizei

Lieutenant Mozee: Wäre es – in Bezug auf eine Stärkung der Gemeinschaft – wirksamer, wenn man das Programm [das gemeinsame Chanten] in einem ärmeren Viertel statt in einer wohlhabenden Gegend veranstalten würde?

Śrīla Prabhupāda: Unsere Behandlung zielt auf den spirituell kranken Menschen ab. Wenn jemand an einer Krankheit leidet, fällt es nicht ins Gewicht, ob er arm oder reich ist. Sowohl der Arme als auch der Reiche kommen in dasselbe Krankenhaus. Und so wie ein Krankenhaus an einem Ort stehen sollte, zu dem Arme und Reiche gleichermaßen leichten Zugang haben, so sollte der Ort, an dem *saṅkīrtana* abgehalten wird, für alle leicht zugänglich sein. Da jeder mit der materiellen Natur infiziert ist, sollte jeder die Gelegenheit bekommen, am gemeinsamen Chanten teilzunehmen.

Chanten ist für alle Menschen, denn es reinigt das Herz, ganz gleich, ob jemand arm oder reich ist. Die Neigung, kriminell zu handeln, kann nur dauerhaft geändert werden, wenn im Herzen des Kriminellen eine Wandlung stattfindet. Wie Sie aus eigener Erfahrung wissen, werden viele Diebe mehrmals verhaftet und kommen ins

Gefängnis. Obwohl sie wissen, dass sie verhaftet werden, wenn sie einen Diebstahl begehen, sind sie durch ihr unreines Herz praktisch dazu gezwungen, immer wieder zu stehlen. Ohne das Herz der Verbrecher zu läutern, reicht eine strengere Strafverfolgung nicht aus, um der Kriminalität Einhalt zu gebieten. Diebe und Mörder kennen die Gesetze, aber trotzdem begehen sie wegen ihres unreinen Herzens Gewalttaten. Folglich besteht unsere Methode darin, das Herz zu reinigen. Dann können alle Probleme der materiellen Welt gelöst werden.

Die Schönheit des Selbst

KAPITEL ACHT

Die positiven Auswirkungen des Chantens

Dr. Daniel Goleman, Ph.D., ehemaliger Mitherausgeber des Magazins Psychology Today *und Autor von* The Meditative Mind: The Varieties of Meditative Experience *und dem Bestseller* Emotional Intelligence, *sagte nach einem Studium der Meditationstechniken der Mitglieder der Hare-Kṛṣṇa-Bewegung: „Meiner Meinung nach sind die Hare-Kṛṣṇa-Geweihten gut integrierte, freundliche und produktive Menschen. In einer Kultur wie der unseren, in der die innere, spirituelle Entwicklung fast vollständig zugunsten materialistischer Bestrebungen vernachlässigt wird, könnten wir von ihren Meditationspraktiken durchaus etwas lernen.*

Jeder weiß, dass ein glückliches Leben eine gute Gesundheit voraussetzt. Richtige Ernährung, ausreichend Bewegung und genügend Schlaf sind notwendig, um unseren

Körper gesund und leistungsfähig zu halten. Wenn wir diese Bedürfnisse vernachlässigen, wird unser Körper schwach und weniger resistent. Anfällig für Infektionen, werden wir schließlich krank.

Wichtiger, aber weniger bekannt, ist das Bedürfnis des inneren Selbst nach spiritueller Nahrung und Aufmerksamkeit. Wenn wir unsere spirituellen Bedürfnisse vernachlässigen, werden wir überwältigt von negativen materiellen Tendenzen wie Angst, Hass, Einsamkeit, Vorurteilen, Gier, Trägheit, Neid und Zorn.

Um diesen subtilen Infektionen des Selbst entgegenzuwirken und vorzubeugen, sollten wir dem Rat der vedischen Literatur und vieler anderer Offenbarungsschriften folgen und in unser Leben ein auf spirituelle Kraft und scharfes Denken basierendes Programm der Selbstanalyse und des stetigen inneren Wachstums integrieren.

Die transzendentale Kraft, die erforderlich ist, um auf die Stufe vollständiger psychologischer und spiritueller Erfüllung zu gelangen, ist bereits in uns vorhanden, aber sie muss durch einen authentischen spirituellen Prozess freigesetzt werden. Es gibt viele Methoden, die diese Freisetzung bewirken können. Den zeitlosen Veden Indiens zufolge ist die wirksamste von allen die Meditation über das Hare-Kṛṣṇa-Mantra.

Śrīla Prabhupada fasst das Anfangsergebnis des Chantens in seinem Kommentar zur *Bhagavad-gītā* (9.2) zusammen: „Wir haben die praktische Erfahrung gemacht, dass jeder, der die heiligen Namen Kṛṣṇas chantet (Hare Kṛṣṇa, Hare Kṛṣṇa, Kṛṣṇa Kṛṣṇa, Hare Hare / Hare Rāma, Hare Rāma, Rāma Rāma, Hare Hare), im Laufe des Chantens ohne Vergehen transzendentale Freude verspürt und sehr schnell von aller materiellen Verunreinigung frei wird."

Auf den Vorstufen des Chantens erlebt man eine Klärung des Bewusstseins, inneren Frieden und Befreiung von unerwünschten Impulsen und Angewohnheiten. In dem Maße, wie man durch das Chanten mehr Erkenntnis entwickelt, kann man die ursprüngliche, spirituelle Existenz des Selbst wahrnehmen. Wie es in der *Bhagavadgītā* (6.20) heißt, ist diese Stufe der Erleuchtung „dadurch charakterisiert, dass man die Fähigkeit erlangt, durch den reinen Geist das Selbst zu sehen und im Selbst Freude und Zufriedenheit zu genießen."

Der *Śrī Caitanya-caritāmṛta,* ein literarisches Werk über das Leben und die Lehren Śrī Caitanyas, des Begründers der modernen Bewegung für Kṛṣṇa-Bewusstsein, beschreibt den höchsten Nutzen des Chantens so: „Wenn man chantet, erweckt man seine Liebe zu Kṛṣṇa und kostet transzendentale Glückseligkeit. Am Ende erreicht man die Gemeinschaft Kṛṣṇas und beschäftigt sich in Seinem hingebungsvollen Dienst, was mit dem Eintauchen in ein endloses Meer der Liebe vergleichbar ist."

Das Chanten von Hare Kṛṣṇa bringt also ungeahnten Gewinn, dessen höchste Ausdrucksformen Kṛṣṇa-Bewusstsein und Liebe zu Gott sind. Diese Früchte des Chantens können wir ernten, wenn wir Mantra-Meditation ernsthaft und systematisch praktizieren. Für ein klares Verständnis der progressiven Wirkungen des Chantens wollen wir im Folgenden einige der wichtigsten Vorteile beleuchten.

Innerer Frieden

Am Anfang konzentriert sich die Meditation auf die Kontrolle des Geistes, denn in unserem Normalzustand sind wir Sklaven unserer Gedanken, Wünsche und Triebe, die alle aus dem Geist entstehen. Wir denken an etwas und wollen sofort danach handeln. Aber die *Bhagavad-gītā* (6.5) rät uns, den Geist zu beherrschen: „Für den, der den Geist unter Kontrolle hat, ist der Geist der beste Freund; aber für den, der dies nicht vermag, wird der Geist zum bittersten Feind."

Der materialistische Geist versucht zu genießen, indem er die Sinne einsetzt, um materielle Objekte und materielle Beziehungen zu erleben. Er schmiedet endlos Pläne, wie man die Sinne befriedigen kann, und da der Geist nie zur Ruhe kommt, hastet er unentwegt von einem Sinnesobjekt zum nächsten. Dabei schwankt er zwischen Begehren und Klagen. Folglich begehren wir materiellen Gewinn und klagen bei Verlust oder Frustration.

In der *Bhagavad-gītā* (2.66) erklärt Kṛṣṇa: „Wer nicht mit dem Höchsten [im Kṛṣṇa-Bewusstsein] verbunden ist, kann weder transzendentale Intelligenz noch einen gefestigten Geist haben, ohne die keine Möglichkeit zum Frieden besteht. Und wie kann es Glück ohne Frieden geben?" Wenn wir das Hare-Kṛṣṇa-Mantra chanten, können wir den Geist unter Kontrolle bringen, statt uns von ihm beherrschen zu lassen.

Das Wort „Mantra" kommt aus dem Sanskrit. *Man* bedeutet „Geist" und *tra* bedeutet „befreien." Folglich ist ein Mantra eine transzendentale Schallschwingung, die die Kraft hat, den Geist von materiellen Einflüssen zu befreien.

In seinem Kommentar zum *Śrīmad-Bhāgavatam* (3.26.32) erklärt Śrīla Prabhupāda: „Unsere Verstrickung in materielle Angelegenheiten hat mit materiellem Klang begonnen." Jeden Tag hören wir materielle Klänge aus Radio und Fernsehen, von Freunden und Verwandten, und je nachdem, was wir hören, handeln wir. Śrīla Prabhupāda verdeutlicht jedoch: „Es gibt auch in der spirituellen Welt Klang. Wenn wir uns diesem Klang nähern, beginnt unser spirituelles Leben." Wenn wir den Geist kontrollieren, indem wir ihn auf die rein spirituelle Schallschwingung des Hare-Kṛṣṇa-Mantras richten, wird der Geist ruhig. So wie „der Zauber der Musik selbst ein wildes Gemüt besänftigen kann", so beruhigt der spirituelle Klang des Mantras den ruhelosen Geist. Das Hare-Kṛṣṇa-Mantra, das von Gottes höchsten Energien durchdrungen ist, hat sogar auf geistige Störungen eine heilsame Wirkung. So wie ein Gewässer klar bleibt, wenn der Grund nicht aufgewühlt wird, so werden unsere geistigen Wahrnehmungen klar und rein, wenn der Geist nicht länger durch die Wellen materieller Wünsche aufgewühlt wird. Der Geist wird dann in seinem reinen Zustand, ähnlich einem entstaubten Spiegel, unverfälschte Bilder der Wirklichkeit zurückwerfen, so dass wir unter die Oberfläche schauen und die essenzielle spirituelle Qualität aller Lebenserfahrungen erkennen können.

Selbsterkenntnis

Den vedischen Schriften zufolge ist Bewusstsein ein Merkmal der Seele. In ihrem reinen Zustand existiert die Seele in der spirituellen Welt, aber wenn sie mit der materiellen Energie in Berührung kommt, wird sie von illusorischen Vorstellungen umhüllt. Sie identifiziert sich mit ihrem jeweiligen materiellen Körper und entwickelt so ein falsches Ego, welches das Bewusstsein verwirrt. Aber die Seele ist nicht der materielle Körper. Wenn wir unsere Hand oder unser Bein betrachten, sagen wir: „Das ist *meine* Hand" oder „das ist *mein* Bein." Das bewusste Selbst, das Ich, ist demnach der Eigentümer und Beobachter des Körpers. Auf der Ebene des Intellekts ist diese Tatsache leicht zu verstehen, und durch die aus dem Chanten hervorgehende spirituelle Erkenntnis kann diese Wahrheit direkt und kontinuierlich erlebt werden.

Wenn sich das Lebewesen mit dem materiellen Körper identifiziert und seine wahres, spirituelles Selbst vergisst, fürchtet es unweigerlich Tod, Alter und Krankheit. Es befürchtet den Verlust von Schönheit, Intelligenz und Kraft und erlebt unzählige andere Ängste und falsche Emotionen, die mit dem vergänglichen Körper zu tun haben. Aber wenn wir regelmäßig Hare Kṛṣṇa chanten, erkennen wir schnell, dass wir reine und unwandelbare spirituelle Seelen sind, die mit dem materiellen Körper nichts zu tun haben. Weil das Mantra eine absolut spirituelle Klangschwingung ist, hat es die Kraft, unser Bewusstsein zu seinem ursprünglichen, nicht verunreinigten Zustand zurückzuführen. Sobald dies geschieht, können uns Eifersucht, Borniertheit, Stolz, Neid und Hass nicht mehr beeinflussen. Kṛṣṇa versichert uns in der *Bhagavad-gītā*, dass die Seele ungeboren, ewig, immerwährend und uranfänglich ist. In dem Maße, wie sich unsere falsche körperliche Identität auflöst und wir unsere wahre transzendente Existenz wahrnehmen, transzendieren wir wie von selbst alle Ängste und Sorgen des materiellen Daseins. Wir denken nicht mehr „Ich bin Amerikaner“, „Ich bin Russe“, „Ich bin schwarz“, „Ich bin weiß.“

Ein klares Verständnis unseres wahren Selbst ermöglicht es uns auch, die spirituelle Natur anderer Lebewesen zu sehen. Wenn unsere natürlichen, spirituellen Gefühle erwachen, erleben wir die letztliche Einheit allen Lebens. Das ist gemeint, wenn wir von einer befreiten Seele sprechen: Durch spirituelle Erkenntnis werden wir frei von unserer Animosität und unserem Neid auf andere Lebewesen.

Śrīla Prabhupāda erklärt diesen höheren Gesichtspunkt in *Transcendental Teachings of Prahlāda Mahārāja:* Wenn jemand vollkommen Kṛṣṇa-bewusst ist, denkt er nicht: „Hier ist ein Mensch, hier ist ein Tier, hier ist eine Katze, hier ist ein Hund, hier ist ein Wurm." Er sieht jedes Geschöpf als integralen Teil Kṛṣṇas. Das wird sehr schön in der *Bhagavad-gītā* erklärt: „Wer im Kṛṣṇa-Bewusstsein fortgeschritten ist, liebt die gesamte Schöpfung." Solange wir nicht die Stufe des Kṛṣṇa-Bewusstseins erreicht haben, kann von „universeller Bruderschaft" keine Rede sein.

Wahres Glück

Jeder sehnt sich nach wahrem und dauerhaftem Glück. Aber weil materielles Glück begrenzt und vorübergehend ist, wird solche Freude mit einem Tropfen Wasser in der Wüste verglichen. Materieller Genuss kann uns keine bleibende Erleichterung verschaffen, denn materielle Gefühle und Beziehungen mögen unserem Körper und Geist Freude bereiten, aber es fehlt ihnen die Kraft, die spirituellen Wünsche der Seele zu befriedigen. Das Chanten von Hare Kṛṣṇa schenkt vollkommene Zufriedenheit, weil es uns in direkten Kontakt mit Gott und Seiner spirituellen Freudenkraft bringt. Gott ist voller Glückseligkeit, und wenn wir in Seine Gegenwart treten, können wir ebenfalls das gleiche transzendentale Glück erleben.

In der vedischen Literatur finden wir eine lehrreiche Geschichte, die illustriert, wie die Freude des Chantens jeden materiellen Gewinn in den Schatten stellt. Ein armer *brāhmaṇa*-Priester verehrte einmal den Halbgott Śiva, um eine materielle Segnung zu bekommen. Śiva riet ihm jedoch, Sanātana Gosvāmī, einen großen Weisen, aufzusuchen und ihn um die Erfüllung seines Wunsches zu bitten. Als der *brāhmaṇa* erfuhr, dass Sanātana Gosvāmī einen *cintāmaṇi*-Stein besaß, der durch bloße Berührung Eisen in Gold verwandeln konnte, bat er ihn um den Stein. Sanātana war einverstanden und zeigte dem *brāhmaṇa,* wo er den Stein aufbewahrte – auf einem Haufen Müll. Voller Freude begab sich der *brāhmaṇa* auf den Heimweg. Jetzt konnte er so viel Gold haben, wie er wollte. Aber dann überlegte er: „Wenn der *cintāmaṇi*-Stein angeblich das Kostbarste ist, was Sanātana Gosvāmī besitzt, warum lag er dann auf dem Müll?" Also kehrte er zu Sanātana Gosvāmī zurück und fragte ihn. Lächelnd sagte Sanātana Gosvāmī: „Eigentlich ist der *cintāmaṇi*-Stein nicht das Kostbarste in meinem Besitz, aber bist du bereit, tatsächlich die beste Segnung zu empfangen? Als der arme *brāhmaṇa* dies bejahte, forderte Sanātana Gosvāmī ihn auf, den *cintāmaṇi*-Stein in den nahe gelegenen Fluss zu werfen und dann wiederzukommen. Die *brāhmaṇa* tat wie ihm befohlen, und als er zurückkam, weihte ihn Sanātana in das Chanten des Hare-Kṛṣṇa-Mantras ein, die erhabene Methode, um höchste spirituelle Freude zu erfahren.

Befreiung von Karma

Das Gesetz des Karmas besagt, dass die Natur dem Urheber einer materiellen Handlung eine entsprechende Reaktion aufzwingt – oder, wie es die Bibel ausdrückt: „Wie ihr säet, so werdet ihr ernten."

Materiellen Handlungen kann man mit Samen vergleichen. Am Anfang werden Handlungen ausgeführt oder

„gesät", und im Laufe der Zeit tragen sie Früchte, indem sie ihre resultierenden Reaktionen freigeben. Gefangen in diesem Netz von Aktionen und Reaktionen, sind wir gezwungen, einen materiellen Körper nach dem anderen anzunehmen, um unser karmisches Schicksal zu erleben. Durch das aufrichtige Chanten von Kṛṣṇas transzendentalen Namen ist es möglich, von allem Karma frei zu werden. Da Gottes Namen mit transzendentaler Energie erfüllt sind, befreien sie jemanden, der mit der göttlichen Schallschwingung in Kontakt ist, vom endlosen Kreislauf des Karmas.

So wie Samen beim Rösten ihre Keimkraft verlieren, so verlieren karmische Reaktionen durch den mächtigen Einfluss der heiligen Namen Gottes ihre Kraft. Śrī Kṛṣṇa ist wie die Sonne. Die Sonne ist so stark, dass sie alles, was mit ihr in Berührung kommt, reinigt. Würde etwas direkt mit der Sonne in Kontakt kommen, würde es sofort in Flammen aufgehen. Ähnlich verhält es sich mit unserem Bewusstsein: Sobald es mit dem transzendentalen Klang „Kṛṣṇa" in Kontakt kommt und sich darin vertieft, verbrennen alle karmischen Reaktionen zu Asche. In seinem Kommentar zum *Śrīmad-Bhāgavatam* betont Śrīla Prabhupāda: „Der heilige Name hat so viel spirituelle Kraft, dass man einfach durch das Chanten des heiligen Namens von allen Reaktionen auf sündhafte Handlungen befreit werden kann."

Befreiung von Wiedergeburt

Die Veden lehren, dass das Lebewesen, die Seele, ewig ist, aber aufgrund seiner früheren Handlungen und materiellen Wünsche immer wieder verschiedene materielle Körper annimmt. Solange wir materielle Wünsche haben, wird die Natur, die unter Gottes Leitung wirkt, uns einen materiellen Körper nach dem anderen zuteilen. Das nennt man Seelenwanderung oder Wiedergeburt. Eigentlich ist dieser Wechsel von einem Körper zum nächsten nicht verwunderlich, denn schon im derzeitigen Leben gehen wir durch viele Körper hindurch. Wir beginnen mit dem Körper eines Babys, wechseln in den Körper eines Kindes, dann in den eines Jugendlichen, werden erwachsen, und müssen dann im Laufe der Jahre mit einem Körper Vorlieb nehmen, der alt und gebrechlich ist. Wenn der Körper schließlich stirbt, bekommen wir einen neuen, damit wir weiter die Ergebnisse unseres Karmas genießen und erleiden können.

Aus diesem endlosen Kreislauf von Geburt und Tod können wir nur entkommen, wenn wir unser Bewusstsein von materiellen Wünschen befreien. Durch das Chanten von Hare Kṛṣṇa beleben wir die natürlichen spirituellen Wünsche der Seele und werden uns unserer wahren Identität bewusst. So wie der Körper eine natürliche Anziehung zur Befriedigung seiner Sinne verspürt, so empfindet die Seele eine natürliche Anziehung zu Gott. Das Chanten erweckt unser ursprüngliches Gottesbewusstsein und den Wunsch, Ihm zu dienen und mit Ihm zusammen zu sein. Durch diese einfache Bewusstseinsveränderung können wir den Kreislauf der Wiedergeburt verlassen.

Śrīla Prabhupāda behandelt dieses Thema in seinem Kommentar zur *Bhagavad-gītā* (8.6): Natürlich beeinflussen die Gedanken und Handlungen unseres gegenwärtigen Lebens unseren Bewusstseinszustand zum Zeitpunkt des Todes, und so wird das nächste Leben vom gegenwärtigen Leben bestimmt. [...] Wenn man in den transzendentalen Dienst Kṛṣṇas vertieft ist, dann wird der nächste Körper, den man erhält, transzendental (spirituell) sein, und nicht materiell. Deshalb ist das Chanten von Hare Kṛṣṇa, Hare Kṛṣṇa, Kṛṣṇa Kṛṣṇa, Hare Hare / Hare Rāma, Hare Rāma, Rāma Rāma, Hare Hare der beste Vorgang, um aus dem Wechsel des Daseinszustandes am Ende des Lebens einen Erfolg zu machen."

Der höchste Gewinn: Liebe zu Gott

Das höchste Ziel – und die süßeste Frucht des Chantens – ist vollkommene Gotteserkenntnis und reine Gottesliebe.

In dem Maße, wie unser Bewusstsein gereinigt wird, spiegelt sich unser stetiger spiritueller Fortschritt in unserem Charakter und Verhalten wider. Sobald die Sonne über dem Horizont aufgeht, nehmen Wärme und Licht immer mehr zu. Ebenso wird, wenn die Erkenntnis von Kṛṣṇas heiligem Namen in unserem Herzen aufsteigt, unser zunehmend spirituelles Bewusstsein in allen Aspekten unserer Persönlichkeit sichtbar.

Am Ende steht die Wiederbelebung der ewigen liebevollen Beziehung, die zwischen Gott und dem Lebewesen existiert. Jede Seele hat ursprünglich eine einzigartige spirituelle Beziehung zu Gott, die tausendmal stärker und intensiver ist als jede Liebebeziehung, die wir in der materiellen Welt erleben können. Dies wird im *Caitanya-caritāmṛta* (*Madhya* 22.107) beschrieben: „Reine Liebe zu Kṛṣṇa ist ewig im Herzen aller Lebewesen vorhanden. Es ist nicht etwas, das man aus einer anderen Quelle schöpfen muss. Sobald das Herz durch Hören und Chanten geläutert ist, erwacht diese Liebe auf natürliche Weise."

In unserer ewigen, wesenseigenen Stellung in der spirituellen Welt können wir mit Gott direkt zusammen sein und Ihm in einem spirituellen Körper dienen, der sich am besten dafür eignet, unsere Liebe und Hingabe zum Ausdruck zu bringen. In dieser spirituellen Liebesbeziehung erfährt der reine Gottgeweihte transzendentale Ekstase. Dieser Zustand der Ekstase wird im *Nektar der Hingabe* wie folgt beschrieben: „Dann wird das Herz leuchtend wie die Sonne. Die Sonne befindet sich weit über den Planetensystemen, und somit ist es nicht möglich, dass sie von einer Wolke verhüllt wird; wenn daher ein Gottgeweihter rein ist wie die Sonne, breitet sich von seinem reinen Herzen ekstatische Liebe aus, die herrlicher ist als das Sonnenlicht."

KAPITEL NEUN

Techniken fürs Chanten

Heutzutage floriert das Geschäft mit der Meditation. Neuzeitliche Erlöser- und Gurugestalten und sogenannte Inkarnationen, die alle möglichen Mantras im Gepäck haben, findet man wie Sand am Meer. Die Kundschaft dieser selbsternannten Erretter strömt emsig zu ihnen. Der eine so genannte Guru weist seine Jünger in eindrucksvollen Methoden an, um finanziell erfolgreich zu werden. Der andere erzählt seinen Anhängern, dass Meditation ihren Intellekt schärfen und die körperliche Fitness verbessern würde, um sinnliche Freuden zu genießen. Andere Pseudogurus behaupten, Sex wäre das letztendliche Ziel des Lebens und unbegrenzter Sex würde einen von allen materiellen Verlangen befreien. Manche hippen spirituell Suchenden zahlen viel Geld für geheime Mantras, von denen sie glauben, sie ermöglichten mystische Kunststücke. Doch die vedischen Schriften warnen eindringlich vor Guru-Scharlatanen und unechten Mantras.

Wer spirituelles Leben wirklich ernst nimmt, muss mit einem echten spirituellen Meister in Kontakt kommen und von ihm die Wissenschaft des Kṛṣṇa-Bewusstseins erlernen. In der *Muṇḍaka Upaniṣad* heißt es: „Um die transzendentale Wissenschaft zu erlernen, muss man sich an einen spirituellen Meister einer Schülernachfolge wenden, der in der Absoluten Wahrheit gefestigt ist."

Es reicht nicht irgendein Guru. Dieser Vers vermittelt uns, dass der spirituelle Meister zu einer Schülernachfolge gehören muss, die von Kṛṣṇa, dem höchsten spirituellen Meister, ausgeht. Solche echten spirituellen Meister erhalten Kṛṣṇas Lehren durch die Kette von Meistern und Schülern und verbreiten sie genau so, wie sie sie von ihrem eigenen spirituellen Meister gehört haben, ohne sie zu verwässern oder sie aus ihrer eigenen Laune heraus abzuändern. Echte Gurus sind keine Impersonalisten oder Nihilisten und werden niemals behaupten, Gott zu sein. Vielmehr streben sie danach, ein Diener Gottes und Seiner Geweihten zu werden. Solche Gurus sind *ācāryas,* diejenigen, die durch ihr Beispiel lehren. Ihr Leben ist frei von jeglichen materiellen Wünschen und sündhaften Verhaltensweisen, ihr Charakter ist vorbildlich und sie müssen qualifiziert sein, ihre Schüler vom Pfad sich wiederholender Geburten und Tode zu befreien. Der Kṛṣṇabewusste Guru ist in jedem Augenblick in den Dienst für und die Meditation über den Höchsten Herrn vertieft.

Da Kṛṣṇas heiliger Name völlig spirituell ist, muss er von einem reinen Repräsentanten oder Diener Gottes empfangen werden, der als transparenter Mittler zwischen Gott und dem aufrichtigen spirituell Suchenden fungiert. Mantras, die man von irgendeiner anderen Art von „Guru" erhält, werden schlichtweg keine Wirkung zeigen.

Śrīla Prabhupāda schreibt in seinem Kommentar zum *Śrīmad-Bhāgavatam*: „Sofern man der Schülernachfolge nicht folgt, hat das Chanten des empfangenen Mantras keinen Sinn. Heutzutage gibt es so viele Betrüger-Gurus, die sich ein eigenes Mantra für materiellen, nicht spirituellen, Fortschritt ausdenken. Doch das Mantra kann nicht erfolgreich sein, wenn es ausgedacht ist. Mantras und der Vorgang des hingebungsvollen Dienstes haben eine besondere Kraft, vorausgesetzt, man empfängt sie von einer autorisierten Person."

Der allerwichtigste Aspekt des Chantens von Hare Kṛṣṇa besteht darin, das Hare-Kṛṣṇa-Mantra von einem echten Guru zu empfangen, der vollkommen im Einklang mit Kṛṣṇas Lehren in der *Bhagavad-gītā* steht.

Das Chanten des Hare-Kṛṣṇa-*mahā-mantras* ist der einfachste aller Vorgänge der Selbstverwirklichung. Es gibt keine überzogenen Preise – das Mantra ist kostenlos. Das blühende Geschäft mit dem Verkauf von Mantras ist eine Form des Betrugs. Der Test für die Aufrichtigkeit einer Person besteht nicht darin, ob sie bereit ist, etwas Geld zu zahlen, sondern ob sie bereit ist, ihr Leben zu ändern.

Um Hare Kṛṣṇa zu chanten, benötigt man keine teuren Requisiten oder Utensilien, man muss auch keinen Kopfstand oder schwierige Stellungen oder Atemübungen erlernen. Das einzige, was man braucht, sind eine Zunge und Ohren. Jeder hat sie schon. Die Zunge muss lediglich Kṛṣṇas heilige Namen erklingen lassen und die Ohren müssen sie hören. Allein durch diesen einfachen Vorgang kann man jede Vollkommenheit erlangen.

Wie man chantet

Fürs Chanten von Hare Kṛṣṇa gibt es keine verbindlichen Regeln. Das Wunderbare an der Mantra-Meditation ist, dass man überall chanten kann – zu Hause, bei der Arbeit, beim Autofahren oder in Bus oder U-Bahn. Und man kann zu einer beliebigen Zeit chanten.

Es gibt zwei grundlegende Arten des Chantens. Individuelle Meditation, bei der man allein auf einer Perlenkette chantet, nennt sich *japa*. Wenn man im Wechsel mit einem Vorsänger mit anderen zusammen chantet, wird dies *kīrtana* genannt. *Kīrtana* wird gewöhnlich von Musikinstrumenten und Klatschen begleitet. Beide Formen des Chantens werden empfohlen und bringen einen Nutzen.

Um die erste Art der Meditation auszuführen, braucht man nur eine Gebetskette. Diese kann man in jedem Hare-Kṛṣṇa-Tempel erwerben. Man kann aber auch, wenn man will, seine eigene Kette herstellen.

Wenn man sich entscheidet, eine eigene *japa*-Gebetskette anzufertigen, muss man nur diese einfachen Schritte befolgen:

1. 109 große Perlen (mindestens mit dem Durchmesser einer 1-Cent-Münze) und etwas dicke Nylonschnur kaufen.
2. Ungefähr 12 cm vom Ende eines langen Stücks Schnur einen Knoten machen, dann die Perlen auf dem längeren Stück Schnur auffädeln und dabei mit jeweils einem Knoten versehen.
3. Nachdem man auf diese Weise 108 Perlen aufgereiht hat, die beiden Enden der Schnur durch eine größere Hauptperle ziehen.

4. Diese Perle nennt sich Kṛṣṇa-Perle. Darüber einen Knoten binden und die restliche Schnur abschneiden. Jetzt hat man seine eigene *japa*-Gebetskette.

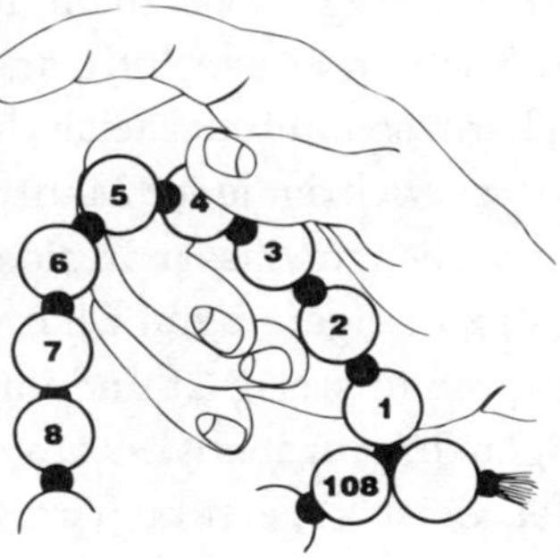

Zum Meditieren die Kette in der rechten Hand halten. Die erste Perle leicht zwischen Daumen und Mittelfinger hin- und herrollen, während man das vollständige *mahā-mantra* – Hare Kṛṣṇa, Hare Kṛṣṇa, Kṛṣṇa Kṛṣṇa, Hare Hare / Hare Rāma, Hare Rāma, Rāma Rāma, Hare Hare – chantet. Dann zur nächsten Perle gehen, die man zwischen denselben Fingern hin- und herrollt, während man wieder das ganze Mantra chantet. Dann zur nächsten Perle gehen und so fortfahren, bis man auf allen 108 Perlen gechantet hat und zur Kṛṣṇa-Perle gelangt ist. Jetzt hat man eine Runde vervollständigt. Man chantet nicht auf der Kṛṣṇa-Perle, sondern wendet vor einer weiteren Runde die Kette, um dann in der anderen Richtung auf jeder einzelnen Perle zu chanten. Das Chanten auf Perlen ist besonders hilfreich, da der Tastsinn während des Meditationsvorgangs beschäftigt wird und einem dabei hilft, sich noch besser auf den Klang des Mantras zu konzentrieren.

Man kann *japa* drinnen chanten, aber genauso gut bei einem Strandspaziergang oder beim Wandern in den Bergen. Man bringt einfach seine Kette mit. Wenn man im Sitzen chantet, sollte man eine bequeme Position einnehmen (vorzugsweise nicht liegen oder sich dahinfläzen, aufrechtes Sitzen hilft dabei, nicht einzuschlafen). Man kann so laut oder leise chanten, wie man möchte, doch es ist wichtig, jedes Mantra klar und deutlich genug auszusprechen, dass man sich selbst versteht. Der Geist mag dazu neigen, beim Chanten abzudriften, da er flatterhaft und unstetig ist und immer nach etwas Neuem und Angenehmem sucht, worin er sich vertiefen kann. Wenn der Geist abgelenkt wird (zu etwas anderem als Kṛṣṇa und Dingen, die mit Ihm zusammenhängen), bringt man ihn sanft zurück zur transzendentalen Klangschwingung. Es ist nicht schwierig, denn der Geist wird leicht zufriedengestellt, wenn er in den göttlichen Klang der Heiligen Namen des Herrn vertieft ist (anders als bei anderen Meditationspraktiken, bei denen man den Geist aufs „Nichts" oder „die Leere" konzentrieren soll).

Man kann *japa* jederzeit chanten, doch die vedischen Schriften erwähnen, dass bestimmte Tageszeiten für spirituelle Aktivitäten sehr glückverheißend sind. Die frühen Morgenstunden kurz vor und nach Sonnenaufgang sind allgemein eine Zeit der Stille und Ruhe und eignen sich daher für kontemplatives Chanten. Viele finden es besonders hilfreich, fürs tägliche Chanten einen bestimmten Zeitraum zur selben Tageszeit zu reservieren. Man sollte mit ein oder zwei Runden beginnen und die Zahl allmählich steigern, bis man 16 erreicht, die empfohlene Mindestzahl für diejenigen, die ernsthaft chanten wollen.

Während *japa* eine Meditationsform ist, die einen selbst, die Gebetskette und den Höchsten Herrn involviert, ist *kīrtana* seinerseits eine Form der Gruppenmeditation, bei der man das Mantra singt, manchmal von Musikinstrumenten begleitet. Manchmal sieht man vielleicht eine *kīrtana*-Gruppe auf der Straße – die Hare Kṛṣṇas singen oft auf diese Weise, um den Vorgang zu veranschaulichen und es so möglichst vielen Menschen zu erlauben, aus dem Hören der heiligen Namen einen Nutzen zu ziehen.

Man kann zu Hause mit Familie oder Freunden einen *kīrtana* abhalten, bei dem eine Person vorsingt und die anderen nachsingen. *Kīrtana* ist ein sehr wirkungsvoller Meditationsvorgang, bei dem man nicht nur sich selbst chanten hört, sondern auch durch das Hören des Gesangs der anderen einen Nutzen hat. Musikinstrumente sind gut, aber nicht erforderlich. Man kann das Mantra zu einer beliebigen Melodie singen und dazu klatschen. (Wenn man sich aber für traditionelle Melodien interessiert, kann man in jedem Hare-Kṛṣṇa-Tempel nachfragen.) Kinder können auch mitsingen und so spirituellen Fortschritt erzielen. Die ganze Familie kann abends zum Chanten zusammenkommen.

Die Klänge der materiellen Welt sind langweilig, abgedroschen und monoton, doch das Chanten belebt einen immer wieder aufs Neue. Dieses Prinzip kann man selbst ausprobieren. Man versuche, ein beliebiges Wort oder irgendeinen Satz für auch nur fünf Minuten zu chanten. Wenn man „Coca-Cola" immer und immer wieder, auch nur für ein paar Minuten, chantet, wird es praktisch unerträglich. Man kann keine Freude daran haben. Doch der Klang von Kṛṣṇas Namen ist transzendental. Wenn wir chanten, wollen wir immer mehr chanten.

Sein Chanten verbessern

Zwar bekommt man durch das Chanten von Hare Kṛṣṇa unabhängig von Art und Zeit einen enormen Nutzen. Doch empfehlen die großen spirituellen Meister, die Autoritäten im Chanten sind, dass ernsthaft Praktizierende bestimmte praktische Techniken anwenden, um das Chanten zu verbessern und schnellere Ergebnisse zu erzielen.

Je mehr wir chanten, umso leichter wird es uns fallen, die unten aufgeführten yogischen Prinzipien zu befolgen. Durch das Chanten bekommen wir spirituelle Kraft und entwickeln einen Geschmack für höhere, spirituellere Formen der Freude. Wenn wir beginnen, spirituelle Freude durch das Chanten zu erfahren, fällt es uns viel leichter, schlechte Gewohnheiten aufzugeben, die unseren spirituellen Fortschritt behindern können.

1. Allein durch das Chanten des Hare-Kṛṣṇa-Mantras will man automatisch die vier regulierenden Prinzipien des spirituellen Lebens befolgen:

   a. Der Verzicht auf Fleisch, Fisch und Eier: Steigerung von Mitgefühl, Barmherzigkeit und Gewaltlosigkeit *(ahiṁsā)*.
   b. Keine Rauschmittel: für mentale und körperliche Klarheit und Konzentration und um die Entschlossenheit für spirituelle Praktik zu entwickeln.
   c. Kein Glücksspiel: für mehr Wahrhaftigkeit und weniger Unruhe, Gier, Neid und Zorn.
   d. Keine unzulässige Sexualität (außerehelicher Sex oder Sex, der nicht der Zeugung gottesbewusster Kinder dient): um sich weniger mit dem Körper zu

identifizieren und körperliche sowie mentale Reinheit zu steigern.

Die vier oben genannten Aktivitäten erschweren den Fortschritt im spirituellen Leben erheblich, weil sie unsere Anhaftung an materielle Dinge verstärken. Denjenigen, die als ernsthafte spirituelle Praktik Hare Kṛṣṇa chanten möchten, wird von ihnen abgeraten. Das Chanten ist jedoch so kraftvoll, dass wir immer noch chanten können, selbst wenn wir diese Dinge nicht unterlassen. Das Chanten wird uns bei den nötigen Anpassungen helfen.

2. Man sollte regelmäßig die vedischen Schriften, insbesondere die *Bhagavad-gītā* und das *Śrīmad-Bhāgavatam* lesen. Wenn man einfach über Gott hört – Seine außergewöhnlichen Eigenschaften und transzendentalen Spiele –, wird der durch den langen Kontakt mit der materiellen Welt im Herzen angesammelte Staub fortgewaschen. Indem man regelmäßig über Kṛṣṇa und die spirituelle Welt hört, wo Kṛṣṇa ewige Spiele mit Seinen Geweihten genießt, wird man die Natur der Seele, wahre spirituelle Aktivitäten und den vollständigen Vorgang, um sich aus der materiellen Welt zu befreien, vollkommen begreifen.
3. Um noch weiter gegen materielle Verunreinigung immun zu werden, sollte man nur vegetarische Nahrung essen, die Gott dargebracht wurde und somit spiritualisiert worden ist. Wenn man das Leben eines Lebewesens beendet (auch das von Pflanzen), entsteht eine karmische Reaktion, doch Kṛṣṇa sagt in der *Gītā*, dass diese Reaktion nichtig werde, wenn man Ihm vegetarische Speisen opfere.
4. Man sollte Gott die Früchte seiner Arbeit opfern.

Wenn wir für unsere eigene Freude und Zufriedenheit arbeiten, müssen wir die karmischen Reaktionen, die mit unseren Handlungen einhergehen, akzeptieren. Wenn wir unsere Arbeit jedoch Gott widmen und nur zu Seiner Zufriedenheit arbeiten, gibt es keine karmische Reaktion. Arbeit, die als Dienst für Gott ausgeführt wird, befreit uns nicht nur von Karma, sondern erweckt auch unsere schlummernde Liebe für Kṛṣṇa.

5. Wer ernsthaft Hare Kṛṣṇa chanten will, sollte so viel wie möglich die Gemeinschaft mit Gleichgesinnten suchen. Man kann große spirituelle Kraft aus der Freundschaft mit Gleichgesinnten schöpfen. Śrīla Prabhupāda etablierte die Internationale Gesellschaft für Kṛṣṇa-Bewusstsein, damit diejenigen, die aufrichtig gottesbewusst werden und ihre ewige liebende Beziehung zu Gott wiederbeleben wollen, einen Nutzen daraus ziehen können, denselben Pfad zur spirituellen Welt gemeinsam zu beschreiten.

Wer ernsthaft chantet, wird letztendlich den Wunsch haben, sich von einem echten spirituellen Meister einweihen zu lassen. Die vedischen Schriften empfehlen die Einweihung, denn sie hilft einem erheblich dabei, Hare Kṛṣṇa zu chanten und fördert das Erwachen unseres ursprünglichen spirituellen Bewusstseins. Weltweit gibt es qualifizierte spirituelle Meister der Internationalen Gesellschaft für Kṛṣṇa-Bewusstsein, die gerne denen zu Seite stehen, die den aufrechten Wunsch haben, gottesbewusst zu werden.

Śrīla Prabhupāda wies darauf hin, dass diejenigen, die sich einweihen lassen möchten, die vorhin genannten regulierenden Prinzipien befolgen und jeden Tag mindestens 16 Runden auf der Gebetskette chanten müssen. Śrī Caitanya Mahāprabhu, Kṛṣṇas Inkarnation, verbreitete vor 500 Jahren in Indien das Chanten der heiligen Namen und führte das System ein, jeden Tag eine festgelegte Anzahl von Runden zu chanten. Das sorgsame tägliche Chanten von 16 Runden hilft dem Schüler, sich immer an Kṛṣṇa zu erinnern.

Im Grunde dreht es sich beim Kṛṣṇa-Bewusstsein genau darum – sich immer an Kṛṣṇa zu erinnern und Ihn nie zu vergessen. Chanten ist der einfachste Weg, einen andauernden Zustand des Gottebewusstseins zu bewahren, denn durch die im Klang des Mantras enthaltene mystische Kraft kann man immer mit Gott und der eigenen ursprünglichen, spirituellen Natur in Kontakt sein. Gottes unzählige spirituelle Kräfte, einschließlich Seines transzendentalen Freudenprinzips, sind allesamt in Seinen heiligen Namen enthalten. Die Freude, die man empfindet, wenn man zu chanten beginnt, wird weitaus größer sein als alles materielle Glück, das man je empfunden hat. Und je mehr man Hare Kṛṣṇa chantet, umso glücklicher wird man sich fühlen.

Anleitung zur Aussprache des Sanskrit

Die in Indien geläufigste Schreibweise des Sanskrit wird Devanāgarī genannt. Das Devanāgarī-Alphabet besteht aus 48 Buchstaben, nämlich 13 Vokalen und 35 Konsonanten, und wurde nach präzisen linguistischen Prinzipien zusammengestellt. Die im vorliegenden Buch verwendete Schreibweise entspricht dem international anerkannten System der Sanskritumschrift.

Der kurze Vokal **a** wird wie das **a** in h**a**t ausgesprochen; das lange **ā** wie das **a** in h**a**ben und das kurze **i** wie das **i** in r**i**tten. Das lange **ī** wird wie das **i** in B**i**bel ausgesprochen, das kurze **u** wie das **u** in B**u**tter und das lange **ū** wie das **u** in H**u**t. Der Vokal **ṛ** wird wie das **ri** in **ri**nnen ausgesprochen. Der Vokal **e** wird wie das **e** in **e**wig ausgesprochen; **ai** wie in w**ei**se; **o** wie in h**o**ch und **au** wie in H**au**s. Der *anusvāra* (**ṁ**), ein reiner Nasallaut, wird wie das **n** im franz. bo**n** ausgesprochen, und der *visarga* (ḥ), der ein starker Hauchlaut ist, wird am Zeilenende mit Wiederholung des vorangegangenen Vokals ausgesprochen. So wird also **aḥ** wie **aha** ausgesprochen und **iḥ** wie **ihi**.

Die gutturalen Konsonanten – k, kh, **g**, **gh** und **ṅ** – werden in ähnlicher Weise wie die deutschen Kehllaute gebildet. **K** wird ausgesprochen wie in **k**ann, **kh** wie in E**ckh**art, **g** wie in **g**eben, **gh** wie in we**gh**olen und **ṅ** wie in si**ng**en. Die Gaumenlaute – **c**, **ch**, **j**, **jh** und **ñ** – werden vom Gaumen aus mit der Mitte der Zunge gebildet. **C** wird ausgesprochen wie das **tsch** in **Tsch**eche, **ch** wie im engl. staun**ch-h**eart, **j** wie das **dsch** in **Dsch**ungel, **jh** wie im engl. he**dge-h**og und **ñ** wie in Ca**ñ**on. Die dentalen Konsonanten – **t**, **th**, **d**, **dh** und **n** – werden gebildet, indem man die Zungenspitze gegen die Zähne drückt. **T** wird ausgesprochen wie in **T**al, **th** wie in Sanf**th**eit, **d** wie in **d**ann, **dh** wie in Sü**dh**älfte und **n** wie in **N**atter. Die zerebralen Konsonanten – **ṭ**, **ṭh**, **ḍ**, **ḍh** und **ṇ** – werden in gleicher Weise gebildet wie die dentalen, aber bei ihnen berührt die Zungenspitze den oberen Gaumen. Die labialen Konsonanten – **p**, **ph**, **b**, **bh** und **m** – werden mit den Lippen gebildet. **P** wird ausgesprochen wie in **P**astor, **ph** wie im engl. u**ph**ill, **b** wie in **B**all, **bh** wie in Gro**bh**eit und **m** wie in **M**alz.

Die Halbvokale – **y**, **r**, **l** und **v** – werden ausgesprochen wie in **Y**oga, **R**avioli (wie das italienische r), **l**achen, **V**ene.

Die Zischlaute – **ś**, **ṣ** und **s** – werden ausgesprochen wie in i**ch**, **sch**ön und fa**s**ten. Der Buchstabe **h** wird ausgesprochen wie in **h**elfen.

AUSGEWÄHLTE ADRESSEN

Internationale Gesellschaft für Krishna-Bewusstsein

Gründer-*Ācārya:* His Divine Grace A.C. Bhaktivedanta Swami Prabhupāda

Eine internationale Adressenliste finden Sie unter centres.iskcon.org oder directory.krishna.com. Alle Zentren und Treffpunkte im deutschsprachigen Raum sind auf iskcon.de gelistet. Wenden Sie sich für nähere Informationen zu Programmen und Veranstaltungen an das nächstgelegene Zentrum.

Deutschland

Abentheuer – Goloka Dhama, Böckingstraße 4a, 55767 Abentheuer; +49 6782 2214; golokadhama.de@gmail.com; goloka-dhama.de

Bad Oeynhausen – ISKCON Bad Oeynhausen, Zur Lutternschen Egge 85, 32549 Bad Oeynhausen; +49 176 588 802 36; govardhanadesh@gmail.com

Berlin – Jagannatha-Tempel, Berliner Allee 209, 13088 Berlin; mail@tempelberlin.de; tempelberlin.de

Hamburg – Bhakti-Yoga-Zentrum, Krummholzberg 9, 21073 Hamburg; +49 151 10652236; vaidyanath.acbsp@pamho.net; bhaktiyogazentrum.de

Heidelberg – Nava-Navadvipa, Zuzenhäuser Str. 13, 74909 Meckesheim; +49 06226 9530741; info@iskcon-heidelberg.de; iskcon-heidelberg.de

Jandelsbrunn – Simhachalam, Zielberg 20, 94118 Jandelsbrunn; +49 8583 316; info@simhachalam.de; simhachalam.de

Köln – Gauradesh, Taunusstraße 40, 51105 Köln; +49 221 8303778; kontakt@gauradesh.com; gauradesh.com

Leipzig – Krishna-Tempel Leipzig, Merseburger Str. 95, 04177 Leipzig; +49 1590 2414953; office@krishna-tempel-leipzig.de; krishnakrishna.de

München – ISKCON München, Fürstenrieder Straße 139, 80686 München; +49 176 614 350 26; krishnaloft.de

Wiesbaden – Hari Nama Desh, Aarstraße 8, 65329 Burg Hohenstein; +49 6120 904107; iskcon.wiesbaden@web.de; iskconwiesbaden.de

Schweiz

Langenthal – Gaura Bhaktiyoga Center, Dorfgasse 43, 4900 Langenthal; +41 62 922 05 48; gaura.bhaktiyoga.center@gmx.ch; gaura-bhakti.ch

Zürich – Krishna-Gemeinschaft Schweiz, Bergstrasse 54, 8032 Zürich; +41 44 262 33 88; kgs@krishna.ch; krishna.ch

Österreich

Wien – Vedisches Zentrum, Loquaiplatz 2, 1060 Wien; +43 664 8237838; vedisches.zentrum@gmail.com; vedischeszentrum.at

Stand: November 2019